Bibliothèque de Philosophie scientifique

GABRIEL HANOTAUX

De l'Académie Française

La Démocratie

et

Le Travail

PARIS

ERNEST FLAMMARION, ÉDITEUR

26, RUE RACINE, 26

Septième mille

Bibliothèque de Philosophie scientifique

DIRIGÉE PAR LE Dr GUSTAVE LE BON

1° SCIENCES PHYSIQUES ET NATURELLES

BACHELIER (Louis), Docteur ès sciences. Le Jeu, la Chance et le Hasard (4e mille).

BELLET (Daniel), prof. à l'École des Sciences politiques. L'Évolution de l'industrie.

BERGET (A.), professeur à l'Institut océanographique. La Vie et la Mort du Globe (7e a.).

BERGET (A.). Les problèmes de l'Atmosphère (27 figures).

BERTIN (L.-E.), de l'Institut. Le Marine moderne (68 figures) (5e mille).

BIGOURDAN, de l'Institut. L'Astronomie (50 figures) (6e mille).

BLARINGHEM (L.). Les Transformations brusques des êtres vivants (49 figures). (5e mille).

BOINET (Dr), prof. de Clinique médicale. Les Doctrines médicales (7e mille).

BONNIER (Gaston), de l'Institut. Le Monde végétal (230 figures) (11e mille).

BONNIER (Dr Pierre). Défense organique et Centres nerveux.

BOUTY (E.), de l'Institut. La Vérité scientifique, sa poursuite (5e mille).

BOUVIER (E.-L.), membre de l'Institut. La Vie Psychique des insectes.

BRUNHES (B.), professeur de physique. La Dégradation de l'Énergie (8e mille).

BURNET (Dr Étienne), de l'Institut Pasteur. Microbes et Toxines (71 fig.) (6e mille).

CAULLERY (Maurice), professeur à la Sorbonne. Les Problèmes de la Sexualité (4e m.).

COLSON (Albert), professeur à l'École Polytechnique. L'Essor de la Chimie (6e m.).

COMBARIEU (J.), chargé de cours au collège de France. La Musique (12e mille).

DASTRE (Dr A.), de l'Institut, professeur à la Sorbonne. La Vie et la Mort (16e mille).

DELAGE (Y.), de l'Institut et GOLDSMITH (M.). Les Théories de l'Évolution (8e mille).

DELAGE (Y.), de l'Institut et GOLDSMITH (M.). La Parthénogénèse (4e mille).

DELBET (P.), professeur à la Fté de Médecine Paris. La Science et la Réalité (4e m.).

DEPÉRET (C.), de l'Institut. Les Transformations du Monde animal (7e mille).

ENRIQUES. Les Concepts fondamentaux de la Science.

GRASSET (Dr). La Biologie humaine (7e a.).

QUIART (Dr). Les Parasites inoculateurs de maladies (103 figures) (5e mille).

HERICOURT (Dr J.). Les Frontières de la Maladie (3e mille).

HERICOURT (Dr J.). L'Hygiène moderne (12e mille).

HERICOURT (Dr J.). Les Maladies des Sociétés.

HOUSSAY (F.), professeur à la Sorbonne. Nature et Sciences naturelles (7e mille).

JOUBIN (Dr L.), professeur au Muséum. La Vie dans les Océans (45 figures) (6e mille).

LAUNAY (L. de), de l'Institut. L'Histoire de la Terre (12e mille).

LAUNAY (L. de), de l'Institut. La Conquête minérale (5e mille).

LE BON (Dr Gustave). L'Évolution de la Matière, avec 63 figures (33e mille).

LE BON (Dr Gustave). L'Évolution des Forces (42 figures) (19e mille).

LECLERC DU SABLON (M.). Les Incertitudes de la Biologie (24 figures) (4e mille).

LECORNU (Léon), membre de l'Institut. La Mécanique.

LE DANTEC (F.). Les Influences Ancestrales (13e mille).

LE DANTEC (F.). La Lutte universelle (10e a.).

LE DANTEC (F.). De l'Homme à la Science (8e mille).

MARTEL, directeur de La Nature. L'Évolution souterraine (80 figures) (7e mille).

MEUNIER (S.), professeur au Muséum. Les Convulsions de la Terre (35 fig.) (5e m.).

MEUNIER (S.), professeur au Muséum. Histoire géologique de la Mer.

OSTWALD (W.). L'Évolution d'une Science, la Chimie (3e mille).

PERRIER (Edm.), memb. de l'Institut, direct. du Muséum. A travers le Monde vivant (3e a.).

PERRIER (Edm.), memb. de l'Institut, direct. du Muséum. La Vie en action (4e m.).

PICARD (F.), de l'Institut, professeur à la Sorbonne. La Science moderne (12e mille).

POINCARÉ (H.), de l'Institut, prof. à la Sorbonne. La Science et l'Hypothèse (31e mille).

POINCARÉ (H.). La Valeur de la Science (24e mille).

POINCARÉ (H.). Science et Méthode (15e a.).

POINCARÉ (H.). Dernières Pensées (10e m.).

POINCARÉ (Lucien), dr ès Mme de l'Instruction publique. La Physique moderne (18e m.).

POINCARÉ (Lucien). L'Électricité (14e mille).

RENARD (Dr). L'Aéronautique (68 figures) (6e mille).

RENARD (Dr). Le Vol mécanique. Les Aéroplanes (121 figures).

ZOLLA (Daniel), professeur à l'École de Grignon. L'Agriculture moderne (6e m.).

PSYCHOLOGIE, PHILOSOPHIE ET HISTOIRE

Voir la liste des ouvrages parus pages 2 et 3 de la couverture.

2595. — Paris. — Imp. Hemmerlé et Cie. — 1-19.

3° HISTOIRE

ALEXINSKY (Grégoire), ancien député à la Douma. La Russie moderne (8° mille).

ALEXINSKY (Grég.). La Russie et l'Europe (5° mille).

AURIAC (Jules d'). La Nationalité française, sa formation.

AVENEL (Vicomte Georges d'). Découvertes d'Histoire sociale (6° mille).

BATIFFOL (Louis). Les Anciennes Républiques alsaciennes.

BIOTTOT (Colonel). Les Grands Inspirés devant la Science. Jeanne d'Arc.

BLOCH (G.), professeur à la Sorbonne. La République romaine.

BORGHÈSE (Prince G.). L'Italie moderne (6° mille).

BOUCHÉ-LECLERCQ (A.), de l'Institut. L'Intolérance religieuse et la politique (4°m.).

BRUYSSEL (E. van), consul général de Belgique. La Vie sociale (6° mille).

CAZAMIAN (Louis), m° de Conférences à la Sorbonne. L'Angleterre moderne (7° m.).

CAZAMIAN (Louis). La Grande-Bretagne et la guerre (5° mille).

CHARRIAUT. La Belgique moderne (8° m.).

CHARRIAUT (Henri) et M.-L. AMICI-GROSSI. L'Italie en guerre.

COLIN (J.), Lt-Colonel. Les Transformations de la Guerre (6° mille).

COLIN (J.) Lt-Colonel. Les Grandes Batailles de l'Histoire. De l'antiquité à 1918. (6°m.)

CROISET (A.), membre de l'Institut. Les Démocraties antiques (9° mille).

DIEHL (Charles), membre de l'Institut. Une République patricienne. Venise (6° m.)

GARCIA-CALDERON (F.). Les Démocraties latines de l'Amérique (5° mille).

GENNEP. Formation des Légendes (5° m.)

HARMAND (J.), ambassadeur. Domination et Colonisation.

HILL, ancien ambassadeur. L'État moderne.

LE BON (D° Gustave). La Révolution Française et la Psychologie des Révolutions (13° mille).

LEGER (Louis), membre de l'Institut. Le Panslavisme et l'Intérêt français (4°m.)

LICHTENBERGER (H.), professeur adjoint à la Sorbonne L'Allemagne moderne (14° m.).

LICHTENBERGER (H.) et Paul PETIT. L'Impérialisme économique allemand.

LUCHAIRE J.) D° de l'Institut de Florence. Les Démocraties italiennes.

MEYNIER (Commandant O.), p° à l'École militaire de Saint-Cyr. L'Afrique noire (5° mille).

MICHELS (Robert). Professeur à l'Université de Turin. Les Partis Politiques.

MUZET (A.). Le Monde balkanique (5° m.).

NAUDEAU (Ludovic). Le Japon moderne, son Évolution (10° mille).

OLLIVIER (E.), de l'Académie française. Philosophie d'une Guerre (1870) (6° mille).

OSTWALD (W.), professeur à l'Université de Leipzig. Les Grands Hommes.

PIRENNE (H.), Prof° à l'Université de Gand. Les Démocraties des Pays-Bas (4° m.).

ROZ (Firmin). L'Énergie américaine (9° m.).

La Démocratie
et le Travail

Il a été tiré de cet ouvrage
quinze exemplaires sur papier de Hollande
tous numérotés

DU MÊME AUTEUR

Fachoda. Le partage de l'Afrique. E. Flammarion, in-12. Prix. . . . . 3 fr. 50

Études historiques sur le XVIᵉ et le XVIIᵉ siècles en France. Hachette, in-12. Prix. . . 3 fr. 50

Henri Martin : sa vie, ses œuvres, son temps. Léopold Cerf, in-12. Prix . . . . 3 fr. 50

Histoire du Cardinal de Richelieu, gr. in-8°, ouvrage qui a obtenu le grand prix Gobert (1896), t. I et t. II. Firmin Didot. Le volume . . . . 10 fr.

Le Tableau de la France en 1614. Firmin Didot, in-12. Prix . . . . 3 fr. 50

L'Affaire de Madagascar. Calmann-Lévy, in-12. Prix . . . . 3 fr. 50

L'Énergie française. E. Flammarion, in-12. Prix. 3 fr. 50

La Paix latine. 1 volume in-18. Société d'Édition contemporaine. Prix. . . . . 3 fr. 50

Du Choix d'une Carrière. 1 volume in-18. Flammarion . . . . 3 fr. 50

Histoire de la France contemporaine. 4 volumes in-18. Société d'édition contemporaine. Prix. . 30 fr.

GABRIEL HANOTAUX

DE L'ACADÉMIE FRANÇAISE

La Démocratie et le Travail

PARIS

ERNEST · FLAMMARION, ÉDITEUR

26, RUE RACINE, 26

1910

La Démocratie et le Travail

INTRODUCTION

La question de l'heure présente est celle-ci :
la « lutte des classes » est-elle une fatalité
historique ? Faut-il exciter, de part et d'autre, les
hommes à se ceindre les reins en vue des ren-
contres inévitables. Doit-on, du moins, accepter
ce mal nécessaire comme un de ces procédés
héroïques auxquels la chirurgie est obligée de
recourir en cas de péril extrême ? L'humanité
sera-t-elle toujours, à elle-même, son propre
bourreau et n'a-t-elle qu'à subir la loi du sang
comme une condition de sa survie et de son
progrès ?

La « violence » rencontre couramment, aujour-
d'hui, ses apologistes. Ils invitent les armées des
classes à se mesurer du regard, en attendant
qu'elles en viennent aux mains. Le vieux molo-
chisme obtient des adeptes, plus savants et plus

raffinés, certes, que ses adorateurs primitifs,
mais qui se résignent aux sacrifices humains,
comme imposés et exigés par l'implacable Destinée.

Socialistes de la nouvelle fournée et auteurs
dramatiques du dernier bateau sont en train de
se mettre d'accord, au moins là-dessus. Fi des
berquinades émollientes! Arrière le sentimenta-
lisme bêlant! C'est la guerre : eh bien, soit! la
guerre! L'arme au pied et la poudre sèche.

Au fond, ces hommes distingués ne sont pas si
méchants. C'est dans une société tranquille et
sûre qu'ils liment des phrases aux ongles roses,
qu'ils alignent des tirades à effet, avec la raie au
milieu. En attendant qu'ils s'entretuent, ils se
disent des choses très aimables, se traitent
mutuellement de « chers maîtres » et s'envoient
des billets de théâtre.

Nos révolutionnaires farouches, eux-mêmes,
édulcorent. Ils reconnaissent que la Révolution, — la Révolution dont ils entretiennent le
« mythe », et dont chacun d'eux possède, seul,
le secret, — se réduira, en fin de compte, « à
quelques conflits courts et peu nombreux ».
Ils nous apprennent « que la civilisation n'est
point menacée de succomber sous les conséquences d'un développement de la brutalité,
puisque la Grève générale permet d'alimenter la
notion des classes au moyen d'incidents qui

paraîtraient médiocres aux historiens bourgeois[1] ».

« Incidents médiocres », voilà une parole consolante pour les trembleurs. Ils seraient rassurés tout à fait, s'ils suivaient, dans le détail, les évolutions individuelles qui marquent l'accession du parti aux réalisations immédiates et profitables : « Le jour où il fut certain, qu'en France, l'appui d'un député socialiste était utile, le parti blanquiste ne méprisa pas les moyens d'influence qu'il pouvait tirer de ses relations avec le gouvernement... Un journal assure que les milieux socialistes fournissent beaucoup d'attachés aux cabinets des ministres... » C'est à M. G. Sorel, lui-même, que nous devons ces révélations et il les agrémente de ce commentaire plein de mansuétude : « Il ne s'agit pas, ici, d'une critique adressée aux personnes, mais de la constatation d'une nécessité inéluctable, dérivant du régime parlementaire[2] ».

Voilà donc messieurs les attachés de cabinet promus, à leur tour, à l'état de « nécessité inéluctable ».

Les perspectives de demain sont-elles aussi sombres qu'on nous les annonce? Devons-nous fermer les persiennes, baisser les devantures.

1. G. Sorel. *Réflexions sur la violence*, p. 168.
2. G. Sorel. *La Décomposition du Marxisme*, p. 54.

en attendant le « coup de tampon » ? Assistons-
nous à la « faillite de la Démocratie » ?

Cette question est posée, maintenant, devant
le pays lui-même. Il y fera la réponse que sa
bonne foi et son bon sens lui inspireront : mais,
il n'est pas bien difficile de deviner dans quel
sens il se prononcera. Les faits qui se sont
accomplis depuis trois années indiquent le mouvement de l'opinion. Nous n'avions pas besoin de
la parole de l'homme d'État qui préside aux élections pour savoir qu'elle s'oriente du côté de
« l'apaisement ».

De la marche des événements et de la logique
des choses, deux constatations résultent : l'attaque est moins énergique, la défense est mieux
organisée et plus souple. Cachexie du socialisme
révolutionnaire, rajeunissement de la Démocratie par l'organisation nationale du travail et
de l'épargne, ces faits considérables constituent, comme j'espère le démontrer, les raisons
d'espérer.

Les deux pentes, celles du fléchissement et
celles du relèvement, se sont rencontrées, par
en bas, aux environs des années 1907-1909. Ce
fut le moment critique : les troubles du Midi,
les grèves de Courrières et de Draveil, enfin
la tentative de grève générale, préparée comme
suite à la grève des facteurs, ont mis à l'épreuve
nos institutions et notre corps politique. Ils ont

résisté. Dans les études qui vont suivre, et qui ont paru au fur et à mesure des événements, je me suis efforcé d'expliquer comment et pourquoi. C'est un tournant historique, comme on dit, et il n'est pas inutile d'en conserver le souvenir.

Dans la présente *Introduction*, je voudrais me placer surtout au point de vue de la Doctrine et essayer de dégager certaines indications plus générales. Dès maintenant, il est possible de relever le calcul de la courbe, de déterminer comment elle est arrivée à une extrême tension et comment elle revient, graduellement, vers une partie de la trajectoire moins raide et moins périlleuse.

I

L'Échec du Socialisme parlementaire.

Si nous assistons à une « faillite », il semble que ce serait plutôt à la « faillite du socialisme ».

En tant que parti parlementaire, on peut dire qu'il a échoué, aux yeux du grand public, quand il fut démontré que M. Jaurès manquait à l'engagement pris par lui, à la tribune, d'apporter, un jour, un programme de réformes et son esquisse de la société future.

L'opinion n'a pas le temps de se prêter au
détail des évolutions individuelles : elle voit
l'effet des coups plutôt qu'elle ne les compte ou
les mesure. Du moment où l'on avait mis le chef
le plus notoire du parti au pied du mur et qu'il
s'était dérobé, la chose parut jugée. Les regards
se portèrent ailleurs.

Il y eut un autre ordre d'événements : ce
furent les secousses qui se produisirent dans le
parti au moment où quelques-uns de ses membres les plus considérables accédèrent au pouvoir
et aux honneurs. Quand ils devinrent ministres,
vice-présidents de la Chambre,.etc., s'ils gagnè-
rent quelque prestige aux yeux des « bourgeois »,
ils perdirent toute autorité auprès des militants
de « la classe ». Quand ils se furent associés, par
leurs actes et par leurs votes, à certaines mesures qui s'imposent aux gouvernements ; quand,
à la suite des majorités auxquelles ils liaient leur
sort, ils votèrent contre les « principes », pour
empêcher la chute de tel ou tel ministère sympathique, de ce jour ils brisèrent l'unité révolutionnaire : la grande coupure se produisit[1].

1. « Ce n'étaient pas seulement des hommes nouveaux, les
Jaurès, les Millerand, les arrivés d'hier du radicalisme,
c'étaient aussi les militants anciens comme Guesde, les
théoriciens de la lutte des classes, qui avaient affirmé, du
haut de la tribune, leur foi légalitaire et apporté leur
concours aux ministères de gauche. Dès 1895, le gouvernement de Léon Bourgeois avait obtenu l'appui systématique

Le fait est assez considérable et « suggestif »,
comme on dit, pour que le détail mérite d'être
relevé : il est connexe, en effet, à la naissance de
la Confédération Générale du Travail :

« Coupat a dit, qu'avant 1900, la C. G.T. n'avait
pas prêté le flanc aux critiques. Oui, parce qu'elle
n'existait pas. Il a ajouté que l'entrée de Millerand au ministère a donné naissance à cet état
d'esprit. Rappelons des faits peu connus :

« A peine Millerand ministre, parut une décla-
ration signée de Keufer, Baumé, Moreau, en faisant suivre leurs noms de leur qualité de secré-
taires d'organisation, etc., approuvant son acte...
Puis, à l'Union des Syndicats de la Seine, on vint
proposer un banquet à Millerand. Seul, je m'y
opposai... Au lendemain de Chalon, les membres
de la Commission de la Bourse du Travail reçu-
rent, pour eux et leurs familles, une invitation à
une soirée du Ministre du Commerce; deux jours
après, nouvelle invitation — de Galliffet celle-là!
— pour un carrousel. Que voulait-on? nous
domestiquer! Nous fûmes deux à protester et à
propagander contre. Nous dévoilâmes ces ma-

de Guesde et de ses amis. Et qui ne se souvient de ce vote
fameux par où ils s'opposèrent à l'abrogation des lois scé-
lérates pour sauver le ministère? Plus tard, le ministère
Combes devait grouper autour de lui l'unanimité des
réformistes et des révolutionnaires du socialisme... »
HUBERT LAGARDELLE. *Syndicalisme et Socialisme*, 1907
p. 40.

nœuvres et, petit à petit, nous finîmes par faire
voir clair aux camarades. L'explosion de vitalité
de la C. G. T. résulte de ces événements. Il y eut
une coalition d'anarchistes, de guesdistes, de
blanquistes, d'allemanistes et d'éléments divers
pour isoler du pouvoir les syndicats; cette coalition s'est maintenue : elle a été la vie de la
Confédération [1]. »

Voici donc, d'après un homme averti, une indi-
cation précise de l'heure où le socialisme parlementaire fut rejeté et des conditions dans lesquelles la C. G. T. naquit. N'exagérons pas
l'importance doctrinaire : il y a, là-dessous, beaucoup de sentiments médiocres et de petites histoires.

D'ailleurs, s'il fallait marquer tous les incidents des « épurations » qui s'accomplissent
continuellement au sein du parti, on n'en finirait
pas : allemanistes contre broussistes, possibi-
listes contre intransigeants, syndicalistes, présyn-
dicalistes, anarchistes, communistes, marxistes,
guesdistes, groupes et sous-groupes, se font une
guerre parfois sourde, parfois publique, mais
toujours acharnée. Il n'est pas comme ces schis-
matiques pour manier l'excommunication. L'unité
proclamée dans les Congrès n'est qu'un mot : ce
ne sont pas les ordres du jour qu'il faut lire,

1. *Ibid.*, p. 60.

mais les débats; le drame n'est pas sur la scène,
il est dans la coulisse.

Nulle leçon plus probante que la carrière des
principaux protagonistes.

M. Jules Guesde est le véritable créateur du
socialisme français. Il est sur la brèche depuis la
guerre et la Commune. C'est lui qui fonda, en
1877, le premier journal socialiste, l'*Égalité*, avec
le concours de MM. Émile Massard, Gabriel
Deville, Gerbier, etc. On peut dire qu'il institua
le parti le jour où il plaida pour lui-même et les
premiers adhérents, en septembre 1878, et où il
obtint, en même temps que sa condamnation, sa
première notoriété. M. Jules Guesde est un polé-
miste de valeur, un orateur sobre, une nature
énergique et absolue, un esprit pénétrant mais
rigide. Son corps étriqué, son visage pâle, sa
chevelure abondante et noire, son regard fixe et
perçant, le je ne sais quoi de fiévreux et de ma-
ladif qui émanent de lui manifestent l'inquiétude
de l'apostolat.

Il fut longtemps le chef incontesté de la petite
troupe qu'il instruisait et qu'il entraînait au combat. Sa pensée rectiligne et intransigeante, nettement révolutionnaire, restait, en même temps,
résolument nationale, étatiste. Il entendait s'emparer du pouvoir pour refaire le monde à son
gré. Il crut qu'il touchait au triomphe le jour où

il fut élu député. C'est alors qu'il nomma Roubaix le « La Mecque » de la France. Heureuses illusions des « élus » ! Sa vie n'a été, depuis lors, qu'une longue suite de luttes, d'efforts et de déceptions. Avant que le coq ait chanté, il a été renié trois fois par ceux qu'il avait évangélisés.

Aujourd'hui, respecté par le gros du parti, il est durement traité par les états-majors [1]. Combien de fois n'a-t-il pas dû s'opposer aux habiletés, aux finasseries, aux combinaisons suspectes, aux internationalismes imprudents ! Combien de fois se retira-t-il, avec une escorte peu nombreuse, sur le Mont Aventin de la « Doctrine » ! Il apparaît comme un ancêtre vénérable, mais encombrant : c'est le « Dictateur » !

L'ingratitude du parti à l'égard de J. Guesde est phénoménale. Il y avait, dans l'erreur de celui-ci quelque chose d'élevé et de généreux qui lui nuisit plus, peut-être, que l'erreur elle-même. Sa perspicacité, sa sincérité, sa simplicité étaient gênantes. Ce grand-maître de l'illusion ne toucha

---

[1]. « L'état d'esprit tout spécial du citoyen Guesde fait que les actes inspirés d'une conception autre que celle qu'il s'est faite du monde moderne, constituent une *déviation*. L'antimilitarisme, le syndicalisme, sont des déviations... Un syndicat ne doit être ni rouge, ni jaune, a dit J. Guesde. Il aurait pu ajouter, pour compléter sa pensée : « car il ne doit pas être »... Comme on le voit, les procédés de J. Guesde montrent le peu de cas qu'il fait de l'organisation ouvrière... ». V. GRIFFUELHES. *L'Action syndicaliste*, 1908, p. 52.

pas impunément à des passions plus averties et plus immédiates. Il était, par son intransigeance hautaine, voué à l'échec dans lequel s'achève sa vie.

Il suffit de rappeler ce que fut la vie de Jean Jaurès. Personne ne fut mieux doué que lui, personne ne fut plus laborieux, plus vaillant, plus résistant. Sa large carrure, le *pectus* qu'il reçut de ses ancêtres montagnards et qu'il ouvre et resserre comme un soufflet d'orgue, quand il en tire les riches modulations de sa voix, tantôt grave, tantôt perçante, son geste ample et débordant, comme toute sa personne, donnent l'idée d'une puissance et, comme on disait de Gambetta, d'une force de la nature. Fils de la bourgeoisie, il quitta sa *classe* (puisque c'est ainsi qu'on parle) et suivit sa destinée qui, elle-même, suivait son éloquence.

Normalien, il avait cultivé dans le jardin d'Academus de la rue d'Ulm cette aptitude à l'assimilation, à l'exposition, à l'évolution, caractères distinctifs d'un enseignement où il y a plus de brillant que de solide, plus de critique que de pratique, plus de raisonnement que de conclusion. Tout scolar reste scolastique. S'il y a une lacune, dans la remarquable formation de J. Jaurès, elle est là. Cette lacune, son instinct esthétique, toujours en éveil sur lui-même, la sent, la connaît. Il s'est efforcé, par un travail et un art

incessants, de la combler. Elle subsiste pourtant
et elle se révèle toujours par quelque endroit,
malgré l'inépuisable apport de son travail, de sa
faconde, de son invention et de son ambition du
mieux.

Greffe du paradoxe normalien sur la luxuriance
oratoire, sa conviction se cherche encore après
qu'elle s'est affirmée. Son éloquence elle-même,
toute épaisse et bouillonnante, a les vapeurs
d'un vin fumeux : il est bien permis de distinguer ces nuances parmi les traits caractéristiques
d'une personnalité, d'ailleurs si remarquable et
si considérable.

Personne, peut-être, n'apporta à un parti un
secours plus efficace que celui de J. Jaurès
quand il se rallia au socialisme. Il lui donna une
âme et une voix; il l'orna des dons merveilleux
dont la nature l'avait orné lui-même. Il a occupé
(avec quel éclat!) la tribune de la Chambre; il
est monté sur les tables des réunions publiques;
il a parfois précédé, parfois suivi les meetings et
les manifestations; il a dirigé la polémique des
journaux; il a négocié au dedans et au dehors du
parti et obtenu, parfois, des concours bien imprévus, faisant front et tête de toutes parts, facto-
tum d'un système et d'un groupe auquel son
dévouement voulut prodiguer tous les succès,
toutes les couronnes. Il est comme ces femmes
qui ont donné leur amour trop tôt et qui courent

après leur bonheur avec un entêtement où il y a, surtout, l'orgueil d'une erreur voulue et préférée.

Si Jules Guesde fut le père du socialisme français contemporain, j'oserai dire que Jaurès en fut la servante vigilante et dévouée. Mais il n'a pas pu mettre sur pied ni guérir son malade atteint de tares originaires et, maintenant, selon le mot de Montaigne, l'enfant, devenu grand, bat sa nourrice.

Le parti a été ingrat avec Jules Guesde; il est pire, il est cruel jusqu'à en être néronien avec Jean Jaurès. Du moins, à l'égard du premier, la situation est nette : on l'écarte ; mais, le second !... On le garde.

Je ne veux pas dire que l'ensemble du parti (qui, en somme, s'il a les intolérances a aussi les sentimentalités populaires) maltraite volontairement cet illustre serviteur qui s'est offert à lui : on l'acclame, on le fête, on veut l'avoir toujours. Quand la « cause » est dans l'embarras, c'est vers lui qu'elle se tourne. Son ingéniosité dans la négociation, ses ressources dans l'exposition sauvèrent la mise plus d'une fois et arrachèrent des remerciements et des applaudissements. Et puis, on aime tant l'entendre ! C'est lui, lui seul, qui sait moduler la complainte, la mélopée douce, la chanson d'espérance capable de bercer l'âme de ces hommes qui souffrent et qui, même s'ils parlent de haine et de destruction, cherchent encore une discipline et une religion.

Oui, il est la nourrice, la bonne nounou. Mais, rien autre chose. Le parti ne veut pas de chef. Il est toujours en méfiance. Et les succès qu'on a faits, si souvent, au magnifique orateur, celui-ci les paye par sa patience sans borne et son infinie longanimité.

Il n'y a qu'à voir comment les socialistes du dernier cri arrangent M. Jaurès, comment ils le traitent, de M. Hervé à M. G. Sorel, comment on ricane de lui dans les coins et en public, pour reconnaître combien cette nature si vigoureuse, si dévouée, si prodigue d'elle-même, est mal reconnue et appréciée. Tout de même! je ne pense pas que les autres partis eussent été aussi injustes!

M. Jaurès récolte, il est vrai, ce qu'il a semé : il périt de ce qui lui a toujours manqué. Quand M. Clemenceau, dans un discours célèbre, l'a sommé de s'expliquer, l'orateur est resté court pour la première fois de sa vie : il a reporté sa réponse aux calendes. Il fallait donc que les choses fussent ainsi, pour qu'il fût prouvé qu'on n'agite pas impunément le monde avec des mots si, sous ces mots, il n'y a pas des choses. Le bourgeois Clemenceau a dit son fait à Jaurès, transfuge de la bourgeoisie. Il fallait que l'incohérence somptueuse d'une carrière, déviée, à ses

débuts, par un faux calcul ou une appréciation
erronée, sortit son plein et entier effet.

Jaurès est, maintenant, ballotté entre les radicaux qu'il a repoussés et les syndicalistes qui le
repoussent. Pour ceux-ci, il n'est plus qu'un tambour, une peau gonflée de vent, sonore quand on
le frappe, capable, encore de scander un rythme
et de sonner la charge si les vrais chefs donnent
le signal, mais qui périra, au premier choc,
flasque et vide, comme la vie retentissante et
vaine qu'il aura menée!

Il faudrait, pour saisir le type de certains
autres socialistes notoires, donner une image de
ceux d'entre eux qui se sont évadés du parti
pour rentrer dans le train ordinaire des avatars
parlementaires, devenant ou redevenant radicaux-socialistes, radicaux, opportunistes. Ce sont,
les « ilotes dégrisés », les excommuniés, Millerand,
Viviani, Briand et ceux qui les ont suivis, et les
suivront demain. Il est difficile de parler de ces
hommes, puisqu'ils sont au pouvoir. Ont-ils bien
fait, ont-ils mal fait? L'Histoire les jugera. On
peut conclure, toutefois, de leur évolution, que
ces esprits avisés, ces hommes dont personne ne
conteste le talent et la dignité, ont compris
qu'ils étaient contraints de rompre avec leurs
origines pour réaliser leurs idées. Qu'eux-mêmes
ou leurs adversaires épiloguent là-dessus : le fait
est tel; du moins, il est pris comme tel.

Or, un groupe ne se sent-il pas singulièrement diminué quand sa force s'échappe ainsi par en haut et qu'il se vide, si j'ose dire, par la tête. De pareilles défections lui sont une perpétuelle cause d'épuisement. Il ne sait ni conserver ces hommes, ni les suivre. Quand, une fois au pouvoir, ils acceptent les nécessités du gouvernement et se retournent contre les troupes où ils ont fait leurs premières armes, ils les désavouent deux fois : par l'autorité de leur situation nouvelle et par la sévérité de leur abandon.

Les socialistes ne savent garder personne; ils ne savent même pas rester fidèles à leurs alliances les plus profitables. Comment ils ont réduit M. Clemenceau et, en somme, le parti radical, à rompre avec eux; comment ils ont maltraité les radicaux-socialistes, si pleins de bonne volonté, et n'ont jamais su ni osé se séparer, malgré les conseils de l'évidence, de M. Hervé qui les traite Dieu sait comme! c'est l'histoire d'hier et elle ne mérite d'être rappelée que pour déterminer le cercle étroit dans lequel évolue le socialisme.

En fait, il n'existe pour ainsi dire plus, en tant que parti parlementaire. Il comptait, à la dernière Chambre, une soixantaine de membres et, si les syndicalistes sont logiques, il ne retrouvera même pas ce quotient aux prochaines élections. Il en est réduit (par une manœuvre

analogue à celle qu'il a tant reprochée à Waldeck-
Rousseau, quand ce président du Conseil réunit
Galliffet et Millerand dans son ministère), il en
est réduit à s'associer aux partis réactionnaires
dans la campagne pour la « Représentation
proportionnelle ».

Une fois encore, les extrêmes s'unissent, leurs
orateurs parlent sur les mêmes estrades, leurs
journaux font écho aux mêmes polémiques ; ils
cherchent, dans les détours d'une réforme obscure, le passage étroit qui leur permettra de se
glisser jusqu'à la muraille et de livrer l'assaut.
Ils en seront, probablement, les uns et les autres,
pour leurs frais et il restera, aux socialistes parlementaires, la courte honte de ces alliances, où
se découvre, une fois de plus, la médiocre
clairvoyance des états-majors qui les ont entraînés,
jadis, à la suite de Napoléon III et de Boulanger.

D'ailleurs, s'il s'agit d'affirmer la déchéance du
socialisme parlementaire, il suffit de laisser
parler les socialistes eux-mêmes. Ils ne cessent
de multiplier contre lui les protestations les plus
énergiques. C'est un couplet entre mille, celui
de M. Lagardelle dans ses *Pages libres* : « Le
socialisme d'État tend à étendre le domaine des
institutions existantes, à développer le champ
d'action des rouages mêmes de la société présente, et non à lui substituer des organismes
nouveaux, de formation purement ouvrière... »

b

Autant le socialisme révolutionnaire est une doctrine de combat et d'énergie, n'attendant rien que des efforts conscients du prolétariat lui-même, autant le socialisme d'État est un principe de lassitude et de faiblesse, espérant réaliser par l'intervention extérieure du pouvoir, ce que l'action personnelle ne peut atteindre. Le premier doit se dégager dans les pays à large et pleine vie industrielle; le second est le produit des nations en *décadence économique, de peuples anémiés et vieillis...* Le mot d'ordre de tous les socialistes soucieux de maintenir intangible la *vertu révolutionnaire des institutions autonomes du prolétariat contre les débordements du socialisme d'État,* c'est encore la vieille parole de l'Internationale : « L'émancipation des travailleurs doit être l'œuvre des travailleurs eux-mêmes. »

II

Le Syndicalisme. — La Grève générale est un « Mythe ».

Quand le socialisme parlementaire se réalisa, en tant que parti politique, par l'accession de M. Millerand au pouvoir, il se détruisit en tant que groupe social. Les militants se détachèrent, l'un après l'autre. La Confédération Générale du Travail fut fondée.

Ces dissensions enlevaient au système à la
fois ses hommes et son programme : il patau-
geait dans d'assez médiocres querelles de mots
et de personnes. Enfin, Malherbe vint..... M. G.
Sorel fut l'apôtre d'une nouvelle doctrine[1]. Son
livre, *Réflexions sur la violence*, assez peu connu
du grand public, avant que M. Paul Bourget lui
en eût fait, à propos de *la Barricade*, une réclame
retentissante, n'est que la conclusion d'une
longue propagande où M. G. Sorel fut aidé par toute
une équipe de disciples fervents ou d'auxiliaires
énergiques, les Lagardelle, les Labriola, les
Griffuelhes. Elle donna une forme et une prise à
la propagande de la C. G. T. Elle détermina
enfin, à la faveur d'une métonymie assez habilement introduite, une forme nouvelle du socialisme, le syndicalisme.

Le syndicalisme, qu'il vaudrait mieux appeler,
pour plus de clarté, « le Sorelisme » (comme on
dit le Marxisme), est le socialisme ouvrier et
exclusivement ouvrier. Il est en rupture déclarée
avec le socialisme parlementaire et, d'une façon
générale, avec les « fabricants de réformes sociales », avec les « gens de lettres », les « orateurs », les « avocats », qui ont « déformé » et
« exploité » la revendication populaire, et même

1. « Ce n'est qu'avec Georges-Sorel que nous avons
commencé à respirer dans une atmosphère de pensée vraiment haute et libre ». (LABRIOLA).

au fond, avec les « malencontreux marxistes » qu'on salue par politesse, mais qu'on découronne du prestige si soigneusement entretenu par les « professeurs allemands ».

En faisant table rase de toutes les « utopies » antérieures, le fondateur de la nouvelle religion, la religion de la « violence », se faisait une place plus large; il comptait sur la lassitude que le casse-tête du fameux livre de Marx, *le Capital*, offrait aux cerveaux rétifs de la « gentdelettrie » socialiste et sur l'impatience des hommes d'action en présence des appels à la sagesse et à la longanimité où les conviaient, depuis tant d'années, les socialistes parlementaires.

Dans son livre, la « Décomposition du marxisme », M. Sorel profitait de l'occasion pour déboulonner tous ses prédécesseurs, de Louis Blanc à Jaurès en passant par Jules Guesde. Il ne reconnaissait, dans l'élite socialiste française, qu'un vrai grand homme, un précurseur... Pelloutier.

Les doctrines de G. Sorel, combinées avec les rodomontades de la Confédération Générale du Travail, firent fureur vers 1907. En les relançant aujourd'hui, M. Bourget retarde un peu. Sorel mollit. Ses ménagements à l'égard des « attachés de cabinet » sont un signe des temps. Sa timidité grandit avec ses responsabilités. Il connaît, à son tour, les inquiétudes du gouverne-

ment. Il tend à se confiner de plus en plus, dans
« l'idéologie prolétarienne », dans « l'éthique du
prolétaire », et cela devient bien un peu abscons.

Quoi qu'il en soit, sa doctrine se résume en
quelques mots : rupture déclarée du socialisme
avec la démocratie, d'abord, avec le socialisme
politique par là même :

« 1° Le *parti*, machine essentiellement politique
et démocratique, est autre chose que la *classe*.

« 2° Le développement du socialisme se fait par
une autre voie que la voie parlementaire et démocratique.

« A bien regarder, tout le syndicalisme est là[1]. »

L'ouvrier doit faire ses affaires lui-même. Il
n'a nullement à compter sur le progrès paci-
fiste et légalitaire. Son procédé est l'*action
directe* : « Action directe » veut dire action des
ouvriers eux-mêmes, c'est-à-dire action directement exercée par les intéressés. C'est le travailleur qui accomplit lui-même son effort ; il l'exerce
personnellement... Par l'action directe, l'ouvrier
crée lui-même sa lutte ; c'est lui qui la conduit,
décidé à ne pas s'en rapporter à d'autres qu'à
lui-même du soin de la liberté[2] ».

L'action directe, c'est bien ! mais, comment
à quelle heure se produira-t-elle, aboutira-t-elle ?

1. LABRIOLA, résumant et clarifiant G. Sorel : *Le Syndicalisme en Italie*.
2. GRIFFUELHES. *Action syndicaliste*, p. 23.

C'est ici que G. Sorel a eu un trait de génie. Il a
substitué, au mot révolution, bon pour les vieilles
barbes de 1848, une formule nouvelle ou, du
moins, il a donné, à cette formule, une ampleur,
une splendeur sans précédents; il l'a élevée à
l'état de « mythe ». Par elle, le monde — le
monde entier bien entendu — doit être entraîné
et soulevé vers les régions sereines où sa puissance d'action se réalisera dans une perfection
morale héroïque et par laquelle la société sera
nettoyée de toutes ses tares, de toutes ses impu-
retés. Cette formule c'est « la Grève Générale »[1].

Un écrivain du *Mouvement socialiste*, parlant
d'après G. Sorel, résume la doctrine en cette
phrase catégorique : « C'est dans l'idée de la
« grève générale » qu'est contenue, peut-être,
toute l'essence révolutionnaire du socialisme. »

L'expression « grève générale » semble claire.
Il y a, pourtant, dans son emploi spécial, par
les socialistes modernes, une ambiguïté soigneusement entretenue. Par elle-même, elle
indique une « action directe », mais uniquement
négative, la protestation des bras ballants ou des

---

1. G. Sorel : « Il faut que les socialistes soient persuadés
que l'œuvre à laquelle ils se consacrent est une *œuvre
grave, redoutable, sublime*... Quand l'idée de la grève
générale n'aurait pour résultat que de rendre plus *héroïque*
la notion socialiste, elle devrait déjà, par cela seul, être
regardée comme ayant une valeur inappréciable ». G. Sorel,
p. 110.

bras croisés ; mais le sens mystique est autre ;
ici encore, il faut laisser parler les initiés :

« La grève générale est le refus des producteurs de travailler pour procurer jouissance et
satisfaction aux non-producteurs ; elle est l'explosion consciente des efforts ouvriers en vue de la
transformation sociale ; elle est l'aboutissant
logique de l'action constante du prolétariat en
mal d'émancipation ; elle est la multiplication
des luttes soutenues contre le patronat... »

Jusque-là, la définition est à peu près conforme
au sens habituel ; mais voici la fin : « *La révolution, entrevue par tous et que le monde ouvrier
appelle « grève générale » sera*, elle aussi, ce que
le travailleur l'aura conçue et saura la créer...
La grève générale, dans son expression dernière,
n'est pas, pour les milieux ouvriers, le simple
arrêt des bras : *elle est la prise de possession
des richesses sociales mises en valeur par les corporations*, en l'espèce les syndicats, au profit de
tous... » Donc « grève générale » veut dire
« révolution » et aussi, en fin de compte,
« expropriation »[1].

La forme actuelle du syndicalisme, du syndicalisme révolutionnaire, endoctriné par M. G.
Sorel, c'est l'utilisation des syndicats pour déter-

---

1. V. GRIFFUELHES. *L'Action syndicaliste*, p. 32. Cf. tout
le chapitre initiateur de G. SOREL : *La Grève prolétarienne*,
pp. 76-110.

miner l'action directe du prolétariat, entraîné par des grèves particulières à la manœuvre finale de la grève générale.

Mais, nous l'avons dit déjà, M. G. Sorel, lui-même, considère la grève générale comme un « mythe ». Son développement, à ce sujet, ne manque ni d'élégance, ni de noblesse ; j'y trouve quelque chose d'attique et de platonicien : on comprend que de tels morceaux aient frappé l'esprit curieux et investigateur de P. Bourget : « Les hommes qui participent aux grands mouvements sociaux se représentent leur action prochaine sous forme d'images de batailles assurant le triomphe de leur cause. Je proposais de nommer *mythes* ces constructions dont la connaissance offre tant d'importance pour l'historien : la grève générale des syndicalistes et la révolution catastrophique de Karl Marx, sont des mythes... Je comprends que ce mythe de la grève générale froisse beaucoup de *gens sages* à cause de son caractère d'infinité... Mais vous savez, aussi bien que moi, que ce qu'il y a de meilleur dans la conscience moderne est le tourment de l'infini ; c'est pourquoi vous ne me condamnerez point pour avoir attaché un si grand prix à ce mythe qui donne au socialisme une valeur morale si haute et une si grande loyauté » [1].

1. G. SOREL. *Lettre à Daniel Halévy*, en introduction aux *Réflexions sur la violence*, p. 30.

Sans nier la force et même le charme un peu sévère de ces morceaux, on ne peut manquer d'observer que l'idée mythique, introduite dans le socialisme, a pour effet de reporter aussi aux calendes l'avènement de la Révolution prolétarienne : un des élèves de Sorel, dégageant sa pensée, dit nettement : « Nous n'entendons fixer ni le jour ni l'époque qui mettra aux prises salariés et salariants. Il n'appartient à aucune force humaine de l'indiquer[1] ».

Pour ne laisser aucun doute, je cite un autre militant, disciple non moins docile et exact du maître : « Il n'y a ni date ni plan à assigner à la révolte ouvrière. Peu importe que ce heurt final, dont on entrevoit, *plus ou moins*, la possibilité *dans le lointain*, s'effectue tôt ou tard. L'action révolutionnaire de chaque jour ne s'en produira pas moins... Vous comprenez, maintenant, pourquoi le syndicalisme se prétend dégagé de toute utopie et se rit de la manie prophétique des partis socialistes d'annoncer, chaque veille pour chaque lendemain, la révolution sociale... Il lui suffit d'allier l'esprit de lutte et l'esprit positif pour pouvoir *tranquillement remettre ses destinées aux soins de l'histoire*[2]. »

« L'histoire », c'est loin ! Peut-être y a-t-il, dans cette patience extrême, quelque feinte.

1. GRIFFUELHES, *l. c.* p. 33.
2. LAGARDELLE, *l. c.* p. 51.

Mais la doctrine, pourtant, se développe bien dans ce sens; et c'est avec un parti pris très évident de prudence réelle dans la violence théorique que G. Sorel considère la grève générale, telle qu'il la réclame et la proclame, comme un « mythe ».

Acceptons son expression, mais dans un sens un peu différent et plus conforme aux habitudes du langage. Le « mythe », selon la pensée de M. G. Sorel, c'est le symbole fabuleux et enivrant qui soulève les âmes et cause l'enthousiasme : c'est, en somme, une catégorie de l'idéal. Mais, dans le langage courant, le « mythe » c'est le fantôme, l'illusion, la chimère. Oui, la grève générale est un « mythe ».

Tous les essais de grève générale-révolution ont échoué! En Nouvelle-Zélande, les partis socialistes ont renoncé à cette tactique après l'avoir mise à l'épreuve et n'avoir abouti qu'à des résultats lamentables. En Belgique, la grève générale n'avait pas un objectif social; elle visait l'établissement du suffrage universel; elle était vue avec sympathie par une grande partie de la nation qui n'avait aucune idée révolutionnaire. En Italie, en Hongrie, en Suède, elle a échoué. Aussi les doctrinaires désavouent ces tentatives en les qualifiant de « grèves générales politiques ». Il y a « grève générale » et « grève générale ». On se perd dans les distinguo de ces

pédagogues de la Destinée qui ferment les yeux
sur le présent et décident de ce qui adviendra
dans le plus lointain avenir.

La révolution par abstention des producteurs
ouvriers, — à supposer qu'ils soient una-
nimes, — ne peut aboutir parce qu'elle a contre
elle une armée infiniment plus nombreuse et
plus puissante, l'armée des consommateurs, dont
le producteur ouvrier lui-même fait partie; de
façon qu'il souffre tout le premier du mal qu'il
voudrait faire aux autres.

La grève des électriciens a frappé une quantité de travailleurs, non moins intéressants
que les ouvriers chargés de distribuer la lumière,
par exemple, les typographes, les gens de
théâtre, etc. Pour quelques jours, ils ont ri ou
patienté. Mais si la crise s'était prolongée, il y
aurait eu un soulèvement : aussi, M. Pataud se
tient coi, ou n'agit que par des manifestations
soigneusement localisées et délimitées.

La grève générale, arrêtant le travail de tous,
suspend la nourriture de tous. Les « ventres »
n'étudient pas la métaphysique. Si tout le monde
a besoin, les organisateurs du pacte de famine
passeront un mauvais quart d'heure. Faire, de
tous les habitants d'un pays, des meurt-de-faim
pour les enrôler, bon gré mal gré, dans la troupe
révolutionnaire, c'est un rêve à rebours qui pro-

voquerait tout autre chose que cet enthousiasme
« héroïque » sur lequel compte un rêveur apoca-
lyptique.

Les consommateurs sont les plus nombreux et
les plus forts. Ils ont « de quoi » pour attendre,
pour se défendre, pour s'éloigner au besoin et
laisser passer l'orage, pour provoquer des concurrences, solder des défenseurs. Il n'y aurait
pas tout le poids de la société organisée qu'il y
aurait celui de la richesse accumulée; il y aurait
les ambitions particulières, les interventions
extérieures, les défections intérieures. Les chefs
de la grève se chargeraient de la détourner et de
l'enliser pour en recueillir seuls le profit.

Mais il existe une force de résistance plus
générale encore et qui n'attendra pas que la
lutte soit engagée pour intervenir ; c'est l'opinion. Il est prodigieux que ces polémistes, qui
recourent sans cesse à elle, en tiennent si peu
de cas. De même qu'on ne gouverne pas contre
l'opinion, on ne fait pas de révolution contre
l'opinion. Or, l'opinion n'est pas d'un parti, n'est
pas d'une classe. Elle est, réellement, l'expression de la Démocratie, de cette démocratie qui
embrasse tout le peuple et non pas une certaine
partie du peuple et qu'on ne peut pas détruire.
Cela, c'est le roc.

Quand l'opinion aide un courant, il est irrésistible; si elle se met en travers, il se perd et se

détourne de lui-même. L'opinion, c'est l'expression, non seulement des intérêts, mais des sentiments et des aspirations de tous. L'opinion
est très au-dessus de ce matérialisme grossier
auquel Karl Marx et ses disciples ont ramené
tout le débat social. L'opinion est un souffle,
un esprit, une âme, l'âme des peuples plus
vaste que l'âme des foules ; atroce parfois et
barbare, mais sage, prudente, avisée en sa
direction générale, puisque, depuis que le
monde est monde, elle « mène le monde » et
que le monde subsiste.

Il n'y a d'initiatives fécondes et de réalisations glorieuses dans l'histoire que celles qui
ont suivi ou précédé l'opinion. L'opinion est
l'arbitre, la règle et le juge suprême. L'opinion
est l'expression et la saillie des infinies raisons
particulières et universelles que la société et
l'humanité ont de vouloir vivre. Tous les
hommes versent leurs pensées dans l'opinion
comme tous les fleuves vont se perdre dans la
mer ; il y a l'opinion des mères, l'opinion des
pauvres, l'opinion des soumis et des timides,
l'opinion des taciturnes : celles-là, et tant
d'autres qui sourdent sous terre, forment un courant bien plus impétueux que l'opinion bruyante
et dispersée des rhéteurs et des marchands
d'orviétan. Quand les Hébreux construisaient les
Pyramides, le Pharaon prétendait imposer à

l'avenir, par des inscriptions fastueuses, le respect de sa monumentale folie; mais il y avait, perdu dans la foule, quelque mangeur d'oignons marmonnant les versets qui transmirent aux siècles futurs le cri de la malédiction.

L'opinion ne se détermine pas selon des influences d'un jour ou des raisonnements captieux. Se formant et se déformant sans cesse, elle est insaisissable et incompressible. L'esprit souffle où il veut.

Tant que l'opinion ne se prononcera pas pour la grève générale, celle-ci est impossible; et si l'opinion veut imposer certaines améliorations dans le fonctionnement de la société, elle n'a pas besoin de la grève générale : elle dicte sa loi à ses mandants. Mais alors, ce n'est plus la « révolution prolétaire » : c'est le procédé « démocratique », tant honni !

Reste le coup de force, l'élan d'une minorité énergique décidée à soulever les masses et à les entraîner... Compter sur ce miracle, c'est en revenir à la vieille tactique révolutionnaire — les « 1er mai », les « grand soir » — si souvent déçue et rejetée, maintenant, avec non moins d'énergie par les théoriciens du syndicalisme. Ceux-ci le savent bien, en effet, les vainqueurs d'une « journée » entendent être payés de leurs peines. Ils se retournent contre ceux dont la confiance les a portés; ils barricadent la porte

qu'ils ont enfoncée : « la maison est à nous » :
« Les révoltés avaient été, tout d'abord, enivrés
par l'idée que leur volonté ne devrait rencontrer aucun obstacle puisqu'ils étaient le
nombre ; il leur semblait évident qu'ils n'auraient
qu'à désigner des délégués pour formuler une
nouvelle légalité conforme à leurs besoins ; mais
voilà qu'ils acceptent la direction d'hommes qui
ont d'autres intérêts que les leurs ; ces hommes
veulent bien leur rendre service, mais à la condition que les masses leur livreront l'État, objet de
leur convoitise... On pourrait donc dire que, par
une sorte de paradoxe, les hommes politiques,
qui se regardent comme les vrais détenteurs de
l'idée révolutionnaire, sont des conservateurs.
Mais, après tout, est-ce que la Convention a été
autre chose ? N'a-t-on pas souvent dit qu'elle avait
continué les traditions de Louis XIV et préparé
les voies à Napoléon [1] » ?

Tel est donc l'état présent du socialisme : en
tant que parti, il s'est défait et effiloché, en
quelque sorte, par en haut et par en bas : par en
haut, ses chefs les plus distingués, des hommes
d'énergie, d'expérience, de talent, le quittent, les
uns après les autres, ne laissant guère, dans le
camp qu'ils abandonnent, que des adversaires
d'un jour ou des candidats prochains à une sem-

1. G. SOREL. *Décomposition du Marxisme*, p. 25.

blable évolution; par en bas, les prolétaires, les ouvriers, les confédérations, les Bourses de travail, les syndicats révolutionnaires sont en rupture déclarée avec les états-majors qui continuent la parade sans se demander s'il reste des troupes derrière eux.

Le parti socialiste parlementaire ne réalisera probablement jamais ce qui fut le principal article de son programme, s'emparer du pouvoir. Ses membres se glisseront un à un dans les ministères bourgeois; ils en deviendront peut-être les chefs et y saisiront même la majorité : mais combien transformés! A peine assis sur le fauteuil curulaire, ils deviennent les plus énergiques défenseurs de la société qu'ils attaquaient la veille. Le camarade Hervé sait ce qu'il en coûte de vivre sous le règne de M. Briand. Ils prêchent la patience, l'endurance, la longanimité, font voter, s'ils peuvent, quelques bonnes lois en combinant les intérêts concurrents; mais ils s'appuient sur l'armée, sur la police, vivent au mieux avec M. Lépine, vont à la messe et reçoivent, en grande pompe, les souverains.

Le socialisme parlementaire produira, peut-être, pendant quelque temps encore, de la graine de ministres et d'« attachés de cabinet ». Et encore! Les autres partis le réduiront, bientôt, à la portion congrue, en proportion de son influence réelle dans le Parlement et dans la nation.

Quant au syndicalisme, il joue toute sa partie sur la carte de la grève générale : mais il reporte lui-même ses chances à un avenir très lointain. Le Maître a dit, à propos du « mythe » : « Tout en lui est imprévisible. » En attendant, il prétend éduquer les masses et les entraîner vers l'« héroïsme ». Qui s'en plaindra ? Si le syndicalisme doit réellement développer chez le peuple les plus nobles vertus, saluons-le, car il lui apprendra, en même temps, la tolérance et la mansuétude.

Ou la grève générale accompagnée de violences, avec un échec brutal et immédiat, ou une lente et longue éducation des classes ouvrières s'adaptant à la vie sociale future par les organismes du travail professionnel : de toute façon, le socialisme, tel qu'il s'est manifesté jusqu'ici, est fini. Mais cela ne veut pas dire qu'il n'y ait plus de « question sociale ».

III

La Réhabilitation du Travail.
La Morale de l'Effort.

Ce serait un étrange aveuglement de ne pas constater que la pensée révolutionnaire reste à l'état d'aspiration affirmée ou latente dans les masses, notamment dans les masses industrielles et urbaines. Comment nier la violence, à peine contenue, du prolétariat, ce caractère hardi, provocateur, intrépide de l'ouvrier français? Un militant insiste sur ce trait, non sans l'exagérer un peu. « Ce qui caractérise, chez nous, l'ouvrier, c'est qu'il est audacieux et indépendant. Rien ne l'épouvante ; il est au-dessus de tout respect, de toute autorité, de toute hiérarchie. Devant un ordre du pouvoir, tandis que le premier mouvement de l'ouvrier allemand est d'obéir, le premier mouvement de l'ouvrie- français est de se révolter. Il résiste et protester il critique et s'insurge. Et il passe à l'acte immé ; diatement. Il ne se demande pas, avant d'agir, si la loi lui permet ou non d'agir. Il agit, et voilà tout... [1] »

Encore une fois, l'auteur crâne un peu. Pourtant, en gros, le portrait est ressemblant. Oui, la lutte des classes subsiste. N'est-ce pas la vieille querelle des pauvres contre les riches, qui ne finira qu'avec les inégalités sociales, avec la misère, avec les malechances et les injustices, c'est-à-dire avec l'Humanité?

Sans que les incidents — en somme secondaires — qui se sont produits aient, jusqu'ici, touché le tuf inébranlable sur lequel repose la nation, ils ont causé une sorte de trépidation et d'inquiétude qui aurait des suites bien fâcheuses

1. Griffuelhes, *Caractère du Syndicalisme français.* (Conférences internationales d'avril 1907).

si elle développait une prédisposition à la panique par la permanence d'un pessimisme trembleur : avoir peur, c'est être à moitié vaincu. Par contre, l'effet serait salutaire si cette émotion incitait des bonnes volontés, chaque jour plus nombreuses, aux études plus attentives et aux sacrifices nécessaires.

Si l'infaillibilité socialiste ne sait pas tenir ses promesses, il appartient à la Démocratie, c'est-à-dire à la nation, maîtresse de ses destinées, de remplir les siennes. Ce n'est pas en se détournant des problèmes, ou en les rapetissant au cadre d'une opération de police qu'on les résoudra. Il faut porter la vue plus haut et les traiter dans leurs rapports avec l'évolution de la pensée humaine. Tout système politique et social réalise une psychologie et une métaphysique. Saint Louis était le phénomène de saint Thomas d'Aquin. Louis XIV vivait selon la doctrine de Bossuet. la Convention, Napoléon, selon celle de Montesquieu et de Jean-Jacques.

On reproche surtout, à notre temps. de manquer d'idéal.

Qui sait ?

Combien de fois n'est-il pas arrivé, au cours des siècles, qu'une époque avant d'avoir discerné, en elle-même, le principe de sa grandeur, s'en inspirait inconsciemment. Il y a un christianisme antérieur au Christ. une réforme avant Luther. une révolution avant la Révolution.

Notre âge suit peut-être, aussi, une direction intime et encore obscure. Il marche vers une étoile qu'il n'a pas nommée, mais qui lui est un pôle.

Cette foi nouvelle, qui naît peu à peu d'une lente évolution de l'âme humaine, c'est, à mon avis, l'adhésion unanime à la loi du travail joyeusement accepté, honoré, réhabilité.

L'homme a toujours travaillé; jamais il n'a aimé, choisi, préféré le travail, comme il le fait maintenant.

La conception aristocratique de la destinée humaine — avec son corollaire, l'esclavage — telle que l'avait conçue l'antiquité a pu, seule, dépouiller le travail de l'honneur qui est le sien. Les vertus militaires, indispensables aux premiers âges, refoulèrent au plus bas degré d'estime les vertus domestiques. Les guerriers protégeaient. par les armes, le peuple des travailleurs et lui faisaient payer, en argent et en humiliation, le prix du risque couru, par eux, « noblement » sur les champs de bataille.

Dans la suite des siècles, la suppression de l'esclavage et du servage a eu pour suite la diminution progressive des aristocraties et des féodalités. « Un homme vaut un homme », tel fut l'évangile nouveau. Au fur et à mesure que l'hu-

manité s'égalisa, le travail se réhabilita. Nous
sommes arrivés à l'époque où cette tendance,
longtemps indécise, s'affirme dans les mœurs et
dans les lois, dans les esprits et dans les cœurs.
Demain il sera banal de penser qu'un homme
n'est un homme que dans la mesure où il travaille.

Travailler, c'est réaliser un idéal.

Parmi les paradoxes de Karl Marx, il n'en est
pas de plus téméraire que celui qui prétend
imposer à l'histoire une explication uniquement
matérialiste. Non, le « ventre » n'est pas tout
l'homme.

La vie a, certainement, pour premier objet de
s'entretenir elle-même, soit individuellement,
soit collectivement à la surface de la terre.
Mais, c'est le propre de l'énergie humaine qu'elle
tend à s'élever au-dessus de la nécessité immédiate : ses ressources nerveuses lui permettent de
viser au delà.

L'ambition de n'être pas seulement un animal
plus ou moins plantureusement nourri distingue
l'homme, parmi les êtres vivants. En s'arc-bou-
tant sur lui-même, il s'élance toujours plus haut.
Le sauvage réfléchi qui, en arrangeant quelques
morceaux de bois, créa la première machine,
le jeune berger qui chercha, en la racine du
buis, les linéaments d'une image sculptée, le
riverain de la mer qui osa se confier aux flots,

l'ingénieur contemporain, fils de ces ancêtres anonymes, qui s'éleva dans les airs ne songeaient guère à la satisfaction de leurs besoins matériels : quelque chose en eux les appelait et leur volonté, s'exaltant à la peine, ne voulut écouter que cette voix.

L'homme a d'autres besoins que le besoin. Il a besoin d'aimer ; c'est la première extériorisation de sa puissance ; il a besoin de se sacrifier : c'est l'issue débordante du trop-plein de sa force ; enfin, il a besoin d'imposer sa marque aux choses matérielles : c'est l'épanouissement complet de sa nature conquérante et ambitieuse : en un mot, le développement normal de l'animal-homme et de l'humanité se gradue ainsi qu'il suit : vivre, aimer, souffrir, créer.

La plénitude des facultés ne trouve son emploi que dans cette lutte constante, cette tension de la volonté triomphant de la paresse corporelle et mentale. En dépit de la malédiction biblique, Adam aime que la sueur coule de son front : sa nature ne s'achève que par l'effort.

L'effort est une vertu, l'éducation de l'effort est une morale, parce qu'elle canalise et emploie le trop-plein des facultés individuelles que la philosophie antique laissait déborder et que la morale chrétienne prétend contenir. Qui travaille prie : prier c'est tendre sa volonté vers un désir, travailler, c'est tendre sa volonté vers un acte.

Travail physique, travail intellectuel, travail moral, par le travail, l'homme se surpasse et devient, à proprement parler, surhomme. Il n'y a qu'un honneur : c'est le travail, il n'y a qu'une noblesse, c'est le travail; il n'y a qu'un repos, c'est le travail.

La loi du travail est une force moralisatrice adaptée aux âges modernes, parce qu'elle est démocratique et égalitaire. Si nos mœurs, nos mœurs familiales, nos mœurs scolaires, nos mœurs sociales, se transformaient dans le sens de la réhabilitation du travail, la plupart des difficultés seraient aplanies.

De l'erreur séculaire, il nous reste ceci, qu'il faut encore plaider la cause du travail, non seulement auprès des paresseux, mais auprès des travailleurs.

Le travailleur admet, sans plus grande réflexion, parce qu'on le lui a toujours répété, que le travail lui est une peine, une souffrance, une diminution. Le bienfait du travail, qui le soutient et le relève chaque jour, il ne veut pas le reconnaître, alors que, si ce support lui manquait, il languirait dans cette triste anémie qu'est le désœuvrement.

Le travail est un rythme, une pulsation, une cadence qui achèvent l'harmonie vitale. La dilatation du poumon qui respire, la poussée du cœur qui bat se prolongent en la contraction du biceps qui agit, en la congestion du cerveau qui pense. Pourquoi le sang frapperait-il si violemment à la paroi de l'artère si ce n'était pour la gonfler et l'amplifier jusqu'à ce qu'elle projette le corps dans l'entreprise et entraîne le geste jusqu'à l'effort ? Agir, produire, employer sa force, soulager ses nerfs, verser son trop-plein, quelles délices !

Le travailleur travaille, d'abord, par nécessité : c'est le prix escompté du travail qui lui met l'outil à la main ; puis, il travaille par imitation et accoutumance : il voit l'univers au labeur et il lui tarde de se mêler au bourdonnement de la ruche ; enfin, il travaille par plaisir et allégresse ; c'est une expansion. Son corps et son cœur excités sont impatients du repos. Il a, enfin, trouvé sa voie et sa joie quand il s'est donné au labeur et qu'il a institué, en lui, le religion de l'Effort.

Pascal disait : appliquez-vous à la prière ; abêtissez-vous. Il faut dire, à la piété d'aujourd'hui : appliquez-vous au travail, ennoblissez-vous !

Il n'y a pas de travail bas, il n'y a pas de travail inutile, il n'y a pas de travail dédaignable. Il n'y a pas de catégories dans le travail, pas plus qu'il n'y a de catégories dans l'amour. Travail manuel, travail intellectuel, travail pratique, travail esthétique, tout ce qui implique assiduité, tension, victoire sur la nature intérieure et la nature extérieure est au même rang. Quand le travailleur aura bien compris ce que le travail lui apporte et lui rend, par cette gymnastique constante de ses bras, de ses nerfs, de son cerveau, il considérera la vie avec la fierté calme et tranquille de cet empereur romain qui disait, quand il avait accompli une bonne action : « Je n'ai pas perdu ma journée! »

De tout cela, le travailleur serait facilement convaincu : il a ce sentiment latent en lui-même, puisque, précisément, il travaille. Mais, il faudra vaincre la résistance impie du paresseux.

S'il n'y avait plus de paresseux, s'il n'y avait plus de classes paresseuses, la question sociale serait résolue. Ce n'est pas contre les riches que le cri de la justice s'élève, c'est contre les oisifs. Saint Paul, je crois, a dit tout simplement : Qui ne veut pas travailler ne doit pas manger. Jouir sans travail des fruits du travail, afficher l'inertie comme un titre, dilapider les dons de la nature et de la société en un papillotage improbe ou en des raffinements byzantins, s'ennuyer à mourir pour ne rien faire, résoudre l'acquêt des siècles en un bâillement, quelle déchéance! Les aïeux, du moins, apportaient au roi, c'est-à-dire à la société, l'ost, l'aide et le plaid. Ils servaient à l'armée, à la cour et dans les conseils. Ils justifiaient le privilège en recherchant la mort : leurs successeurs n'acceptent pas plus le risque que l'effort. Vivant aux pieds d'Omphale sans avoir accompli les travaux d'Hercule, ils n'éprouvent d'autre sentiment social que la terreur de voir monter jusqu'à eux l'assaut de la Révolution aux mains noires. Leurs journées sont vides et leurs soirées tristes : *vani vanam!*

Si les pauvres connaissaient la servitude des paresses opulentes, ils ne voudraient pas troquer leurs chansons et leur somme contre le sac aux cent écus. Les milliardaires succombent sous le fardeau d'une fortune à garder, d'une cour de flatteurs à entretenir, des précautions à prendre pour défendre leur royaume de métal. L'un de ces malheureux « heureux » me disait : « Je suis le concierge de ma fortune ; je veille à la porte pour empêcher d'entrer ; on me retrouvera mort dans mon vaste coffre-fort, dont la porte de fer se sera refermée sur moi. » Sa jeunesse avait connu la joie du travail ; il est mort de cette nostalgie, emprisonné, non dans son coffre-fort, mais dans son inaction.

La Démocratie ne sera réalisée que, quand, dans une nuit du 4 août, elle aura obtenu l'abolition du privilège des paresseux : car voilà le scandale.

Ne croyez pas que le peuple dispute, à l'homme laborieux, le fruit de son travail. Il sait que chaque peine mérite sa récompense. Il ne jalouse pas le vieillard qui, après de longues années de lutte, trouve le repos, le bien-être, la jouissance d'une retraite honorée au bout d'une existence utile.

L'erreur du socialisme fut de borner son système à une expropriation généralisée. C'est comme s'il confisquait la joie d'agir et de vivre. L'intelligence et la volonté développent le capital à la surface de la terre pour que de nouvelles intelligences et de nouvelles volontés s'y accrochent et montent plus haut. S'il n'y avait pas de capitalisation individuelle, tout serait sans cesse à recommencer. Quelle illusion de croire qu'un homme va se mettre à produire avec zèle, avec suite, avec succès, pour un être indivis, anonyme et sans visage, la communauté. Quelle folie de refouler les initiatives, à l'heure où les besoins toujours plus exigeants du bien-être et du mieux-être demandent qu'elles soient suscitées et développées !

Il en est, de l'hérédité comme de la propriété, funeste seulement si elle anesthésie les activités et stérilise les capitaux. C'est une autre erreur infiniment naïve du socialisme que de vouloir faire, de l'État, l'héritier universel. Accaparer les fortunes au profit des fonctionnaires, c'est une des plus plaisantes survivances de cette vieille disposition étatiste et bureaucratique que l'Allemagne, où vécut Karl Marx, avait hérité indirectement de Louis XIV et de Napoléon.

La grande Allemagne de Gutenberg et de Luther n'avait pas connu les bureaux et ne songeait pas à les charger de son bonheur. Elle se révolta contre l'accaparement de l'Église et des couvents.

Le Moyen Age avait accepté que l'Église fût la bénéficiaire de legs innombrables, dans la confiance que, seule, elle pourrait aménager, au profit des pauvres, des enfants, des souffrants, l'immense afflux de richesses qui se portait vers elle. On sait ce qu'il en est advenu. L'exhérédation des particuliers au profit de l'État serait justement la même faute que fut l'exhérédation des particuliers au profit de l'Église; pire peut-être, puisqu'elle se confie au despotisme sans cœur des partis, tandis que l'Eglise était contrôlée, du moins, par sa puissante organisation démocratique et se sentait responsable devant Dieu.

La fortune acquise, les héritages, au lieu de faire retour à la masse avec tous les risques (ou plutôt les certitudes) de dilapidation qu'entraîne l'irresponsabilité gouvernementale[1], devraient, au contraire, se répandre, par une multiplication infinie des partages entre tous ceux qui, de près et de loin, ont pu contribuer à les produire : la famille d'abord, car elle est la collaboratrice des origines, l'associée constante par l'affection et le réconfort, la femme, les enfants,

---

1. Ceci était écrit avant que le scandale de la liquidation des biens des Congrégations eût éclaté.

les parents, puis les proches, les cousins, les employés, les commis, tous ceux qui vécurent de la même vie et mirent la main aux mêmes œuvres.

Une petite somme qui tombe sur une famille en voie de formation, c'est une source d'action et d'entreprise qui naît au profit de la société. La répartition largement conçue des héritages créerait, à la surface du sol, un ruissellement d'entreprises particulières qui n'attendent souvent, pour se produire, que la goutte d'eau déterminant le premier courant.

Ainsi le travail, satisfait de se continuer et de se survivre en tant que capital, obtiendrait, par le jeu des forces économiques, la place réelle qui lui appartient, — à la fois conservateur et initiateur. Il serait considéré, dès lors, comme le rouage principal et permanent de la société, l'arbre de couche qui reçoit la force et la distribue. Il deviendrait le véritable pivot de la Démocratie. Elle-même ne serait plus qu'une vaste entreprise où toutes les ressources physiques, intellectuelles et morales seraient soumises au règlement du labeur par une adhésion d'où le consentement unanime ferait bientôt disparaître toute contrainte.

La République, par une aperception frappante de l'évolution qui se produit, a créé un ministère du Travail. Rien n'est plus significatif. S'il remplit sa destinée, il deviendra, dans la sociétéde l'avenir, le département magistral, le régulateur de toute la machine.

Ne demandez pas à l'État de sortir de son rôle : il est le surveillant et l'arbitre; il départage et il protège, c'est tout, et cela suffit. Le ministère du Travail aménagera, rapprochera, combinera les efforts dispersés dans les différentes catégories de travailleurs et de producteurs. Ce ne sont pas seulement les ouvriers de la main. selon la tendance actuelle, — ce sont tous les « ouvriers » qui relèvent de lui. Rien de ce qui concerne la production nationale ne lui est étranger. Il est délégué à l'initiative, à l'invention, aux créations de toutes sortes, de toute nature, aux œuvres de l'esprit non moins qu'à celles du corps.

On croirait, vraiment, que le travail intellectuel est une tare, à la façon dont on le traite. Dans un siècle qui doit tout à l'esprit, on a comme une fausse honte de l'esprit; l'idée et l'idéal sont en fuite devant le plus grossier et le plus court matérialisme. Balzac dit : « Les champs de bataille intellectuels sont plus fatigants à labourer que les champs où l'on meurt et que les champs où l'on sème le grain, sachez-le bien ! La France boit des cervelles d'hommes comme elle coupait autrefois de nobles têtes. » Ces têtes éminentes, jadis, gênaient le roi Tarquin ; mais le peuple doit savoir qu'elles s'ingé-

nient pour lui : il se frappe lui-même, s'il les
frappe.

Que le gouvernement de la Démocratie soit le
gouvernement du Travail! Qu'il honore le travail, qu'il s'entoure des travailleurs, qu'il les
consulte et qu'il agisse de cœur et de pensée
avec eux. Les empereurs de Chine traçaient,
chaque année, le premier sillon, rendant hom-
mage aux occupations agricoles de leurs sujets.
Que M. Viviani ou M. Ruau ouvrent aussi le
champ des initiatives fécondes et tracent, à leur
tour, le premier sillon!

Un grand Conseil, composé des gloires du
travail français, présidé par un Pasteur, par un
docteur Roux, par un Curie, par un H. Poincaré,
par un Blériot, siégerait sans inconvénient près
du ministre, lui signalerait les innovations, les
découvertes, les entreprises dignes d'encouragement ou d'honneur. Ce conseil, placé très haut
au-dessus des contingences politiques, serait
l'arbitre désigné des conflits de la production, de
la consommation, des échanges; peut-être un
jour, s'appuyant sur une meilleure organisation
professionnelle, édicterait-il ce fameux « Code
du travail » qui aurait besoin, pour être accepté
sans conteste, d'une telle autorité.

Quel parti ne pourrait-on pas tirer de ces
hautes collaborations? Par elles la nation serait
dirigée dans l'emploi plus pratique et plus

judicieux de ses ressources en hommes et en
choses. Que de forces gaspillées par la routine
des écoles et des métiers! Le discernement des
aptitudes, la répartition des mérites dans les
diverses professions, l'orientation rapide de la
jeunesse vers les carrières utiles, en un mot, une
direction réfléchie donnée aux compétences, aux
inclinations, aux vocations secrètes, c'est, peut-
être, le meilleur préventif de la lutte des classes [1].
Bien des natures souffrent de ne pas agir dans
leur sens. Les inconvénients de la division du
travail ne peuvent être corrigés que par cette
sage adaptation. Quand les choses vont bien,
le labeur en commun est un grand pacificateur.
La chanson s'élève au-dessus du métier qui bruit.

Qu'on remonte le cours des âges. A chaque
époque, la logique des choses a confié la haute
direction des affaires humaines aux hommes
représentatifs de chacun des systèmes qui se
sont succédé : dans une société théocratique, les
prêtres sont les ministres; dans une société
militaire, les soldats; dans une société bourgeoise, les robins. A qui incombe la charge de
la conduite publique dans une démocratie laborieuse? — Aux travailleurs.

1. Pour ce qui concerne la direction à donner à la jeunesse française, voir mon volume *Le Choix d'une Carrière*,
et les articles parus dans le *Manuel de l'Enseignement
primaire*, 1907.

Si la démocratie française doit remplir sa destinée, c'est dans ce sens qu'elle évoluera infailliblement. La réhabilitation du travail sera son œuvre, la morale de l'effort son idéal, l'emploi et la satisfaction des aptitudes sa perpétuelle préoccupation.

Plus elle se développera, plus elle s'appliquera à s'encadrer dans les classifications qui lui sont fournies par les professions, plus elle donnera, à tous et à chacun, la joie intime qui résulte d'une existence bien employée.

La démocratie travaille : le principe de son organisation doit être le travail. Je n'ose pas affirmer que ce soit la vérité d'aujourd'hui, mais ce sera, sans doute, la vérité de demain : la République sera professionnelle ou elle ne sera pas.

IV

L'Organisation de la Démocratie par le Travail.

Le travail est la loi de la démocratie. Mais, on dirait, qu'à cela, la démocratie n'a jamais pensé. Le travail lui est comme l'air qu'on respire, comme la santé dont on jouit, sans qu'on s'en aperçoive. Chaque matin, par un mouvement automatique, le citoyen laborieux se lève, s'habille, se rend au chantier ou au bureau et reproduit les gestes physiques ou intellectuels auxquels il s'est habitué. La ménagère ouvre ses fenêtres, lève les enfants, balaie, fait des courses, s'empresse à la besogne intérieure ou extérieure, sans plus d'affaires. C'est à peine si, le soir, un ouf! signale la fatigue ou la détente du devoir accompli.

Cette accoutumance est si naturelle que, guettée par l'exploitation, elle se laissa mener, dans les premiers temps industriels, au delà de la limite où la lassitude atteint le surmenage. L'homme, esclave de la machine, perdait le fruit de la lente élaboration du bien-être social. L'ouvrier redevenait une bête de somme. Il dut se défendre et il fallut le défendre.

C'est tout récemment que l'on a vu s'ébaucher les premières mesures tendant à rétablir l'équilibre entre l'exigence de l'entreprise et la soumission de la main-d'œuvre. La démocratie songea seulement, alors, à l'organisation du travail, c'est-à-dire à sa propre organisation.

Le programme est extrêmement vaste et complexe, de réalisation lente et délicate : c'est précisément la tâche de l'époque actuelle; elle la mènera à bonne fin, si elle ne se laisse pas égarer dans de fausses directions ou surprendre par des à-coups funestes.

Nous sommes en pleine construction. Jusqu'ici, l'édifice s'est élevé, pour ainsi dire, de lui-même. Les changements se sont produits dans les mœurs avant de s'inscrire dans les lois.

A l'aube de la Révolution, Turgot proclamait le droit au travail, et c'est une des paroles les plus fécondes qui aient jamais été prononcées. Mais la Révolution elle-même, occupée surtout à maintenir l'indépendance et l'unité nationales, à détruire, dans les maîtrises et jurandes, les asiles du privilège et des tyrannies corporatives, ne comprit pas les mérites de l'association. Elle fit, du peuple, une poussière délibérante au lieu de le laisser s'ordonner en une ruche laborieuse. Elle périt dans l'anarchie verbale.

Le mot de Napoléon fut « organisation ». Mais, cet officier élabora son système national d'après des profils militaires : il rebâtit la pyramide pour en occuper le sommet. Sa conception des besoins populaires fut toute romantique, avec des mouvements de sensibilité et de bonhomie à la Rousseau : « Parlez-nous de lui, grand'mère ! » Il ne prenait au sérieux que la guerre.

Le véritable mouvement propulseur partit des saint-simoniens, se prononça dès la Révolution de Juillet et se manifesta en 1848. Cette fois, c'est l'organisation du travail qui est sur le tapis. Mais, les uns veulent faire table rase, ce sont les révolutionnaires, les blanquistes. Les souvenirs de la Terreur les hantent. Ils battent le tambour

devant la misère exaspérée : « Vivre en travaillant
ou mourir en combattant. »

D'autres, les théoriciens, ceux que l'on appelle
les « professeurs de paix sociale », cherchent,
dans des mesures préventives, un meilleur aménagement des conditions de la vie laborieuse. Le
point de vue de ces pacifiques est précisé dans la
phrase de F. Vidal : « Les socialistes ne poussent
pas à la guerre sociale ; ils voudraient, au contraire, la prévenir ; ils demandent des réformes
pour conjurer les révolutions. Loin de provoquer
à la haine entre les diverses classes de citoyens,
ils prêchent la concorde et l'association. »

L'association, c'est la grande pensée du temps.
Mais, on ne sait comment la réaliser. Les sociétés
de production, les coopératives ouvrières, la participation aux bénéfices donnent, parfois, des
résultats heureux, mais contre-balancés, le plus
souvent, par des échecs lamentables. La tradition
de la loi Chapelier pèse sur l'esprit des gouvernements. Il y eut le terrible malentendu des
journées de juin et le formidable échec des
ateliers nationaux.

Napoléon III qui voulait, sans doute, le bien
du peuple, embrouilla tout par la faute de sa
situation ou par la faute de son personnel. La
guerre, la Commune prolongèrent les souffrances
et les mésintelligences réciproques.

Le marxisme est une utopie qui repose sur

une série d'hypothèses non vérifiées, depuis, par l'expérience. La plupart des prédictions économiques de Karl Marx ne se sont pas accomplies : par là son système s'écroule. Les disciples reconnaissent que « les espérances révolutionnaires du marxisme étaient vaines, puisque les traits du tableau tracé par lui avaient perdu leur réalité[1]. »

Mais tandis que les doctrines, prenant trop haut leur essor, se perdaient dans les nues, la pratique aboutissait à des résultats positifs. Les premières ébauches de l'organisation émanaient des travailleurs eux-mêmes. Le *compagnonnage*, les *devoirs* entretenaient la coutume de l'association professionnelle ouvrière ; dès que la loi de 1864 eut reconnu le droit de grève, elle prit un développement spontané : groupements d'ouvriers et groupements de patrons se multiplièrent à la surface du sol national. Ils se donnèrent le nom de syndicats.

L'opinion s'accoutuma à la lutte normale des deux éléments sur les points où les intérêts rivaux étaient en contact. A peine la République était-elle établie — sous le premier gouvernement fort qu'elle ait connue, le cabinet Jules Ferry — la loi du 21 mars 1884 donnait l'existence légale aux syndicats professionnels. Cette loi fut complétée

1. G. SOREL.

par la loi Waldeck-Rousseau sur l'association,
votée en 1901 qui abolit la loi Chapelier et rendit
aux groupements ayant un objet légitime la
liberté de se fonder et d'agir.

Ces points de repère historiques suffisent pour
établir, en dépit des affirmations contraires, que
la Démocratie moderne n'a pas perdu de vue son
devoir de vigilance et de protection en faveur des
classes laborieuses. Appuyée sur d'autres mesures non moins efficaces et qui forment déjà un
puissant faisceau : surveillance du travail des
femmes et des enfants dans les manufactures,
loi des accidents, repos hebdomadaire, arbitrage
obligatoire, loi des retraites ouvrières, — cette
législation, œuvre de la République, a donné
à tous les travailleurs de solides instruments de
défense, et, en réalité, l'usage qui en a été fait
sous toutes les formes, a amélioré, sans cesse,
la condition des salariés.

Le syndicat a pénétré dans les administrations
publiques ; peut-être, a-t-il franchi la barre
quand, au nom d'un intérêt corporatif particulier,
il s'est dressé contre l'autorité publique elle-
même. La pierre de touche est là. Au point précis
où le groupement porte atteinte à la constitution
nationale, il met l'ordre en péril et l'opinion se
retourne contre lui. C'est l'éternel débat sur la
limite du droit de l'État et du droit des citoyens :
« *de jure magistratuum erga subditos et, subdi-*

torum erga magistratus », disait le pamphlet contemporain de Charles IX. L'expérience et le bon sens finissent toujours par la tracer exactement.

Le syndicat légal ne donna pas satisfaction aux réclamations des violents et des idéologues. Ils affectèrent de voir, dans les lois Waldeck, une habile machination pour surveiller les libertés ouvrières en paraissant les seconder.

« Cet homme d'État connaissait trop les hommes et les choses pour se mettre en travers de l'évolution sociale. Il tenta, sur une grande échelle, un plan de politique sociale animé de cette conception : mettre en articles de lois le droit de la pensée, d'organisation, de coalition, en le subordonnant à des formalités compliquées, ayant pour résultat d'en paralyser l'exercice [1]. »

De cette résistance et de la permanence sourde de l'esprit de classe, naquit le syndicalisme. Par un véritable abus de mots, la thèse, la doctrine, (pour parler comme les protagonistes du système) se réintégra dans la pratique, en s'efforçant de transformer l'esprit professionnel en esprit révolutionnaire et en faisant dériver, du terme légal syndicat, la nouvelle utopie agressive, le syndicalisme.

C'est en empruntant à l'anarchisme certains de ses éléments [2], que cette transformation put se

1. V. GRIFFUELHES. *Action syndicaliste*, p. 45.
2. SOREL. *Décomposition*, p. 62.

produire. La méthode professionnelle, traitée avec
dédain de *trades-unionisme*, fut attaquée et
minée, dès ses origines, par la « nouvelle école »,
ayant pour organes les Bourses du travail, la Confédération générale du travail, etc. Par cette
déviation des *syndicats* vers le *syndicalisme*, on
substitua, à la discussion des intérêts réciproques,
le mythe de la grève générale et la violence à
longue échéance.

Quoi qu'il en soit d'une tactique, dont il ne
faut pas exagérer la portée, l'éducation de la
nation et de l'opinion dans le sens professionnel
ne s'en est pas moins, peu à peu, formée.

L'intervention de l'État et l'évolution naturelle
du capitalisme lui-même ont accompli des progrès qui sont acquis et qui ne peuvent plus rétro-
grader aujourd'hui ; M. Sorel et ses disciples
eux-mêmes le reconnaissent : l'éducation de l'atelier, « sans recourir aux moyens plus ou moins
cocasses inventés par les utopistes » ; la solution,
« par un équilibre empirique des prix, de la difficulté de l'égalité des travailleurs, tout en tenant
compte des inégalités naturelles ou acquises » ; la
répartition des bénéfices « par l'appât d'un salaire
plus élevé ou d'un plus grand loisir » ; ce sont là
des améliorations décisives nées de la pratique
ou de la coutume, mieux inspirées cent fois que
la théorie et la doctrine.

Est-ce dans ces conditions et lorsque des

résultats si considérables sont acquis par le
développement naturel des choses qu'il est nécessaire de fomenter la guerre des classes, de maintenir le « mythe » grève générale, avec le sens
« révolution », d'entretenir l'idée de « violence »,
quand il suffirait d'un peu de cordialité avec
moins de souci du paradoxe littéraire, pour
reconnaître, sans tant de « réflexions », les avantages de la paix ?

Les théoriciens de la grève générale déclarent
qu'ils ne tendent qu'à une chose : élever la classe
ouvrière, la former, l'ennoblir en lui proposant
un idéal où la Révolution ne joue plus que le
rôle d'une incitatrice et d'une espérance loin-
taine : « Cet idéal ne pourra être atteint, dit
Labriola, que quand la classe ouvrière sera assez
forte moralement et intellectuellement pour assu-
mer les fonctions accomplies, jusqu'ici, par la
classe bourgeoise et assez puissante pour ren-
verser cette organisation de la force qui protège
la fabrique capitaliste et qui s'appelle l'État [1] ».
L'ancêtre Pelloutier peint aussi, en traits héroïques
et un peu romantiques, cet état futur du prolétariat généralisé et idéalisé : « Purs de toute
ambition, prodigues de nos forces, prêts à payer
de nos personnes sur tous les champs de bataille
et, après avoir rossé la police, bafoué l'armée,

1. *Syndicalisme en Italie*, p. 18.

reprenant impassibles la besogne syndicale, obscure, mais féconde... etc. » Enfin, G. Sorel, de
plus haut encore, fondant la « morale des producteurs » : « Le syndicalisme a la prétention de se
créer une idéologie vraiment prolétarienne...
C'est une *vertu* qui naît, une vertu que les intellectuels de la bourgeoisie sont incapables de
comprendre, une vertu qui peut sauver la civilisation »[1].

S'il en est ainsi, qui s'opposerait à un système
d'éducation et d'exhaussement des masses laborieuses ? La « morale des producteurs » atténuant,
par l'épanouissement lent des intelligences et
des caractères, la crise violente indéfiniment
retardée ressemble, à s'y méprendre, à l'évolution démocratique. Je ne sais, par exemple, si
les « militants » sont des sectateurs assez convaincus de ces prophéties inspirées pour en attendre
la réalisation si longtemps !

En fait, l'esprit de *classe* est un esprit de
caste, c'est-à-dire de dénigrement et de suspicion.
Il agira comme il a toujours agi dans l'histoire :
il détruira et ne fondera rien. On ne veut plus
connaître, dans la société, que les prolétaires.
Et le reste des citoyens, qu'en fera-t-on ? Les
supprimera-t-on, les réduira-t-on en esclavage ?
Ou bien, si tout le monde est « prolétaire »,

1. *Réflexions sur la Violence*, p. 224.

comment, encore une fois, le système se distingue-t-il du régime démocratique?

L'esprit *professionnel* est un esprit de travail et de création, c'est-à-dire de collaboration et de discussion libre. Que l'antagonisme du patronat et du salariat ait subsisté dans les premières créations de syndicats, c'était inévitable : les discordes anciennes ne pouvaient s'apaiser si vite. Mais elles s'apaiseront quand la connaissance des droits et de la force réciproques aura conduit tous les participants aux études comparatives sérieuses et aux compromis mûrement élaborés. L'intérêt commun rapprochera, un jour ou l'autre, tous les producteurs, quel que soit leur rôle dans la production.

Que gagnerait la main-d'œuvre à proscrire l'initiative, le sens des combinaisons à longue échéance, l'invention, la discipline? Or, ces qualités sont celles qui distinguent l'esprit-patron. De quelque nom qu'on les désigne, il y aura toujours des chefs. C'est un véritable enfantillage que la conception de K. Marx, acceptée par ses commentateurs : « Réduire les intellectuels à n'être plus que des commis accomplissant des besognes aussi peu nombreuses que possible[1] » — ajoutons aussi ingrates que possible : — ils seront les pucerons de la fourmilière, si ces

---

1. G. Sorel. *Décomposition du Marxisme.* p. 51.

hommes astucieux et dont on ne peut se passer
se satisfont de ce rôle sacrifié.

Dans la profession, l'intelligence et le labeur
manuel ne peuvent s'expulser l'un l'autre, ni se
subordonner l'un à l'autre absolument. Ils vont
de pair, étant tous deux également nécessaires.
La solution est dans l'entente et la collaboration.

Cette collaboration indispensable n'est pas
réglée et mise au point : voilà toute la crise
sociale. La mise au point résultera d'une sage
considération de la coutume professionnelle.
Parmi les patrons et les ouvriers, les plus habiles
et les plus sages seront ceux qui arriveront les
premiers à ces ententes équitables. Les autres
s'attarderont, bien vainement, dans les logoma-
chies pédantesques ou dans l'inutile prolongation
des hostilités ancestrales.

Il n'appartient à personne de dicter les modalités de l'accord ; toutes sont dignes d'attention :
associations, coopérations, participations, assurances sociales, contrats collectifs, travail en marchandage, établissement de séries, arbitrage facul-
tatif et obligatoire, « conseils de l'usine », tout bois
fait flèche. Les accrocs, les hésitations, les ratés
seront nombreux, souvent irritants et parfois
cruels. Même, s'il existait une bonne volonté
générale qui, malheureusement, n'est pas de ce
monde, tous les obstacles ne seraient pas aplanis :

il y a le conflit des intérêts et aussi le conflit des
âmes !

Mais cet idéal, ce « mythe » de la pacification
méritent bien d'être affirmés, si difficile et si loin-
taine qu'on en suppose la réalisation.

Est-il impossible de se représenter l'image
d'une société où l'union lentement élaborée des
deux agents de la production, l'entreprise et la
main-d'œuvre, serait un fait accompli? La nation
est devenue un vaste atelier où tout le monde
s'applique en vertu de règles et de tarifs libre-
ment débattus et consentis ; les conflits indivi-
duels ont leurs juges dans les groupements professionnels, les conflits des groupements professionnels ont leurs juges dans les Conseils du travail exerçant la vigilance publique, aménageant
les forces vives de la société. L'État s'abstient ou
n'intervient que pour maintenir l'ordre et la paix.
Il est le bras séculier. Il assume le rôle que le
parte guelfa joua si longtemps à Florence, quand
Florence, dans l'éclat de sa splendeur, était une
République professionnelle sous le régime des
Arts ou Métiers. Ainsi, toutes les parties de
la Société agissent ensemble et combinent leur
mouvement simultané donnant, du même entrain,
le coup de collier. Pas de forces perdues, pas de
gaspillage, pas d'exploitation possible, toute violence inutile, parce que toute injustice est surveillée et réprimée. Le frottement réduit au minimum.

Ce progrès, la loi ne peut pas, seule, l'accomplir : il y faut les mœurs. Les mœurs vont en s'adoucissant ; l'évolution se fait, partout, et en tout, vers la conciliation et la paix. Pourquoi en serait-il autrement dans le domaine du travail, c'est-à-dire au point essentiel de la vie sociale ?

Quelle étrange contradiction de voir, en cette époque de pacifisme, les protagonistes du désarmement et de l'internationalisme tenir en réserve la violence, comme une balle en la giberne, pour leurs collaborateurs, leurs compatriotes, leurs parents !

V

A bas la Barricade !

Quelle que soit l'exagération des thèses et des systèmes, il est un arbitre suprême qui se chargera de mettre tout le monde à la raison et de faire la police des idées, c'est l'opinion.

L'opinion s'est grandement éduquée, dans ces derniers temps, sur les choses qui paraissaient, jadis, le domaine réservé des savants et des économistes : elle ne se laisse plus piper aux mots ; elle va au fond des choses. Elle distingue, elle pèse le pour et le contre entre le producteur et le consommateur, puisqu'elle exprime les aspirations de l'un et de l'autre ; elle s'instruit par les faits, par les expériences répétées ; elle juge ; elle aura le dernier mot.

Encore une fois, nous sommes d'accord avec les théoriciens du syndicalisme, si, en vérité, leur système n'est qu'une entreprise d'éducation des prolétaires en vue du règlement de la question sociale. Mais nous nous séparons d'eux, quand ils affirment que cette éducation, cet entraînement aboutiront dans un temps plus ou moins éloigné, mais aboutiront fatalement, à une crise violente. Entre les deux systèmes, entre les deux tendances, l'opinion prononcera.

« Professeurs de paix sociale », nous dit-on ! Eh bien, soit ! Mais nous prenons nos leçons, nous-mêmes, auprès d'une maîtresse que l'on ne peut désavouer, l'humanité. L'humanité, dans la marche continue de son développement historique, a toujours voulu la paix. Les hostilités, les violences ont été déplorées, dans tous les temps, comme le résultat de terribles malentendus. Il faut la témérité intellectuelle de notre époque pour que des appels pareils à ceux qui se sont produits puissent être proférés et entendus. Jamais l'apologie de la brutalité ne s'est réclamée si hardiment de je ne sais quel héroïsme millénaire. Seuls, jusqu'ici, des maréchaux victorieux avaient vanté si audacieusement la guerre !

Oui, il y a, sur la question du travail, une mentalité à refaire, un « héroïsme » à développer, mais il ne peut y avoir qu'un objectif : la *réhabilitation* du travail lui-même, car il est, à lui seul, l'héroïsme, l'abnégation, la justice.

À refaire cette mentalité, tous doivent s'employer : les publicistes en produisant au lecteur troublé ces formules heureuses qui s'incrustent dans les mémoires; les agents de l'éducation nationale en scrutant, avec une vigilance avertie, les aptitudes individuelles et en préparant, d'avance, le recrutement des métiers[1], les groupements, en ne se laissant ni intimider ni séduire, et en tenant pour suspects les conseils téméraires de la direction sans responsabilités; et puis les familles en montrant l'exemple de la concorde, les pères en donnant celui de la modération et de la sobriété, les femmes en acceptant le premier de leur devoir, la maternité. Chacun à son œuvre, chacun à sa tâche, chacun à son travail! C'est le minimum d'effort moral qu'on puisse demander à l'humanité.

D'ailleurs, *volens, nolens,* cet effort elle le fait.

---

1. Il y a un mot, dans la préface des *Réflexions* de G. SOREL, qui suffirait presque à corriger le dangereux paradoxe de son livre : « Mon ambition est de pouvoir éveiller parfois des vocations ». C'est là tout, en effet : « des vocations » !

La vie se charge d'éduquer la vie. Sans la pratique de ces devoirs fondamentaux, la société périrait, elle ne veut pas périr!

L'appel de l'instinct est plus fort que tous les systèmes. S'il n'avait pas dirigé le troupeau, combien de fois ses chefs ne l'auraient-ils pas conduit à l'abîme?

Ce serait une des plus affreuses crises intellectuelles et morales de l'histoire que celle du temps présent, si elle devait nous précipiter vers des conflits implacables et inévitables. On veut que les deux portions d'un même pays, les deux fractions d'une même tribu, les membres d'une même famille se plantent, le fusil au poing, *de l'un ou de l'autre côté de la barricade* : il faut se prononcer et prendre parti avant que le premier coup soit tiré et que le sang coule.

Eh bien, non! L'idéal n'est pas là, le « mythe » n'est pas là! l'avenir n'est pas là! A chacun selon son travail, non à chacun selon sa « force ». L'humanité ne suivra pas cet évangile-là. La brutalité n'a jamais rien fondé; la répression sanglante n'a jamais rien sauvé.

Le salut est dans la discussion libre, dans une opinion mieux éclairée, dans la vigilance de la liberté. Nous devons le croire, nous voulons le croire, comme l'ont cru tous ceux qui furent bons et grands sur la terre. On ne dépouillera pas l'humanité de cette sagesse-là. Son histoire le raconte : au milieu des catastrophes sanglantes, elle aspire à la justice et à la paix.

La diviser en deux camps, quand elle cherche passionnément les voies de l'unité et de l'harmonie, si ce n'était le plus imprudent des paradoxes, serait la plus coupable des folies.

A bas la barricade !

LES RÉFORMES SOCIALES

« Le 1er Mai »

...les révolutions ne dépendent pas des révolutionnaires...

Dr Dezon, cité par R. Mason.

Encore un « 1er mai » effacé du calendrier... Et la terre n'a pas cessé de tourner ; la société n'a pas tremblé sur ses bases ; les pauvres restent pauvres, les riches riches, les patrons patrons, et les ouvriers ouvriers.

Au Moyen Age, les foules, inclinées dans la prière et dans la foi, attendaient l'an mil, le fameux millénaire. C'était la date prédite, où toutes choses devaient être refondues et renouvelées, le monde remis au creuset. L'an mil passa et les iniquités demeurèrent ; l'univers ne disparut pas et ne fut pas purifié...

Bientôt, on atteindra le millième anniversaire de l'an mil. L'humanité sera plus vieille de dix

1

siècles, et elle n'aura pas changé; je veux dire qu'elle n'aura pas perdu sa croyance au millénaire.

Voilà dix-sept ans, M. Constans étant ministre de l'intérieur, le bruit se répandit que le 1er mai de cette année-là devait voir le définitif chambardement.

Les « organisations » s'agitèrent, les orateurs tonnèrent, les bourgeois tremblèrent. La police et la troupe furent sur pied pendant toute la nuit qui précéda la journée mémorable.

Paris se réveilla tôt; les persiennes ne s'ouvrirent que d'un battant tandis qu'un œil inquiet interrogeait les asphaltes déserts. Jusqu'à onze heures, il n'y eut rien. A midi, on commença à s'étonner, et à une heure, comme on avait déjeuné et qu'il ne se passait toujours rien, la curiosité l'emporta et les badauds sortirent.

Ils se dirigèrent, selon l'usage, vers les boulevards et la place de la Concorde. Il vint une foule immense, une foule paisible, une foule bourgeoise, — un peu déçue, qui regardait et qui attendait. Elle attendait le je ne sais quoi, le quelque chose d'imprévu et de solennel dont l'annonce vague fait que les gens se dérangent, pour la gloriole de pouvoir dire, en rentrant chez eux: « J'y étais! J'ai vu! »

Ce jour-là, on attendit vainement. Les portes du ministère de la marine restèrent obstinément closes. On disait que de fortes réserves de troupes étaient cachées, l'arme au pied, dans les cours et les sous-sols des monuments publics. Ces portes fermées avaient quelque chose de terrible...

Tout à coup, un vent violent s'éleva. Sur l'avenue des Champs-Élysées, sur la place de la Concorde, dans la rue Royale, une bourrasque de poussière remplit l'atmosphère. Desséchées par des alternatives de souffles secs et de tourbillons âcres, les gorges raclèrent. Paris, sous le cyclone, devenait tout gris; et c'était une fétide poussière, pleine de microbes fâcheux. On apprit que le ministre de l'intérieur, pour parer à la chute de cavaliers qui faisaient patrouille pendant la nuit (il n'y a rien de nouveau sous les étoiles), avait supprimé le balayage et l'arrosage. La ville, par cette négligence voulue et génialement stratégique, devenait inhabitable.

La foule, habituée à plus de confort et qui aime qu'on lui époussète ses « journées », la foule tint bon quelque temps; mais bientôt, dégoûtée, empoisonnée, étranglée par une soif inextinguible, elle se disloqua, s'égailla et prit d'assaut les terrasses des cafés. On vida des bocks sans nombre. Ce fut le premier des 1ᵉʳ mai historiques, où il y eut beaucoup d'inquiétudes dans les âmes et beaucoup de poudre dans les yeux.

Nous en avons vu d'autres, depuis.

La manœuvre n'est pas toujours la même; mais le résultat est à peu près identique. Peut-être viendra-t-il un temps où ce jeu se démodera comme les autres. Une « journée », fût-elle réglée par le plus extraordinaire des stratèges en barricades, ne décidera pas du sort de la société.

Il serait bien injuste pourtant et bien téméraire de ne tirer, des événements, aucune leçon. Si la tactique n'est ni originale, ni efficace, la pensée qui la dirige, les aspirations qu'elle révèle, les tendances qu'elle manifeste existent.

Nous échappons à la Révolution, c'est entendu, et j'ai la ferme conviction que nous y échapperons longtemps encore. Mais les tentatives qui, malgré l'insuccès réitéré, se reproduisent et se multiplient, ne doivent pas être traitées en faits négligeables. Les misères qui les causent sont réelles et peuvent être adoucies. Si nous échappons à la Révolution, cela ne veut pas dire que nous ne soyons pas en pleine évolution.

L'évolution, mais c'est surtout au sein du parti

socialiste qu'elle s'accomplit, et le mot même
n'est pas assez fort, c'est bel et bien d'une crise
qu'il s'agit. Le Collectivisme a fait son temps;
son frère ennemi, le Syndicalisme, lui a pris les
cartes des mains. De savoir comment il joue la
partie et la jouera, c'est autre chose. Mais, il est
bien permis de le constater, dès maintenant, le
programme collectiviste ou communiste, avant
même d'avoir été formulé pratiquement ou spé-
cieusement par le plus considérable de ses chefs,
est remisé. Il est entré, comme tant d'autres
théories brillantes et éphémères, au vestiaire.

Les masses ouvrières ayant en main un instrument légal: le Syndicat, en usent sans tant d'histoires. Fatiguées de bayer aux corneilles et
d'attendre le jour où, tout étant détruit, tout sera
à reconstruire, elles plantent là les architectes de
chimères et les assembleurs de nuées, elles
acceptent la société, quitte à tirer d'elle le plus
de profit par les moyens de pression les plus
immédiats.

Et je dis que ce fait patent, indéniable, est,
malgré tout, un progrès. Le Syndicat a tous les
défauts qu'il vous plaît de lui reconnaître et
quelques autres que vous lui reconnaîtrez à
l'user: il est exigeant, taquin, imprévoyant: le
Syndicat s'affirme révolutionnaire; oui. Mais, tel

quel, le Syndicat est une organisation; le Syndicat vise à des résultats compréhensibles, tangibles; le Syndicat représente un intérêt précis et nettement délimité : celui de *la profession*.

Par conséquent, son existence et sa diffusion constituent, pour aujourd'hui ou pour demain, un élément de pacification. S'il détrône l'idéologie marxiste, il aura singulièrement aidé à la nécessaire clarté des affaires humaines.

Ne vous paraît-il pas de plus en plus évident, d'après ce qui se passe, non seulement en France, mais au dehors. que la *profession*, *l'aptitude professionnelle* et, par suite, *l'organisation professionnelle* sont en train de devenir les ferments indispensables des futures combinaisons sociales.

Rien de plus naturel, d'ailleurs. Partout. la démocratie l'emporte. Or. que fait la démocratie? Elle travaille. Donc le travail est le nerf de son action et, par suite, de son organisation. Comme toujours, le fait crée l'idée et la force : on appelle cela, maintenant, les *idées-forces*; autant dire les faits réfléchis et idéalisés.

. L'esprit de caste, l'esprit de clocher, l'esprit de secte s'affaiblissant, c'est l'esprit de corps qui prend le dessus. Comme les hommes ont

toujours besoin de se rapprocher, de se grouper,
comme ils ne peuvent marcher seuls, — sauf les
très hauts et les très puissants, — ils s'agglo-
mèrent, immanquablement, autour de ce qui fait
leur principal souci, leur principale ressource,
leur raison d'être et leur espérance. Aujourd'hui,
c'est le travail, c'est-à-dire la profession.

La formation sociale et politique que ces dispositions préparent, si elles aboutissaient, n'auraient rien d'insolite en histoire.

Dans la Florence du Moyen Age, la République, longtemps démocratique, fut une République « professionnelle », une République de
corporations et de métiers. Aussi, M. Thiers
disait-il, avec son universelle compétence et
sagacité, qu'il n'y aurait pas, pour la démocratie
française, d'étude plus utile que celle des annales
florentines. On trouverait, sans doute, dans la
série des phénomènes qui ont marqué la grandeur et la décadence de cette illustre cité, l'image
de ceux que la société moderne tend à repro-
duire, et des erreurs dont elle pourrait avoir à
se garder.

Quoi qu'il en soit, l'organisation sociale par
catégories professionnelles est un cadre où notre
jeune démocratie est en train de se ranger, et
c'est ce cadre, devenu légal depuis 1884 et les

lois Waldeck, qui tend à s'élargir sous la forme
nouvelle du socialisme : le Syndicalisme.

Qu'est-ce que c'est, en somme, qu'un Syndicat? C'est une association; une association devant
avoir en vue exclusivement les intérêts communs
de ceux qui exercent, au même titre, une même
profession ; une association créant, entre ses
membres, un contrat collectif et parfaitement
défini par la loi. Aussi, M. Fournière, dans l'étude
qu'il a consacrée à l'Association elle-même, mon-
tre-t-il le Syndicat, — complété par la coopéra-
tive de consommation, — comme une des formes
les plus satisfaisantes parmi les groupements de
faits qui doivent, selon lui, remplacer et absorber
le socialisme doctrinal.

Le Syndicat réalise, pour le métier, cette tendance universelle à l'association qui, de plus en
plus, s'empare de chaque individu, qui le saisit
et l'entraîne dans toutes les manifestations de
son activité, qu'il s'agisse de ses plaisirs, de
ses jeux, de ses sentiments, de sa foi, de sa
sécurité.

L'homme moderne devient, en effet, un mul-
tiple, un universel associé; il s'inscrit sur les
listes des mutuelles, des tourings, des amicales,
des cercles, des chorales et des fanfares. L'asso-

ciation. pour des objets différents et limités, est
devenue sa plus constante préoccupation. Dès
qu'il lève les yeux du bureau ou de l'établi, c'est
à cela qu'il pense...

Comment cette pensée ne le hanterait-elle pas
également aux heures du travail? Tout n'est-il
pas association autour de lui? La Société qui
l'emploie. la Compagnie qui garantit son assu-
rance, la banque qui place ses économies, la
maison de commerce qui achète et écoule le
produit de son travail, le cartel ou le trust qui
pèse sur le cours du marché?

S'il entre dans une organisation professionnelle, c'est que le courant l'y porte. La loi le
permet. Il défendra là ses intérêts particuliers et
ses intérêts de groupe tout ensemble. Il ne se
sentira plus abandonné et isolé dans la lutte
pour la vie. Il ne subira pas, comme une fatalité, la loi de la concurrence. S'il ne devient pas
quelqu'un, du moins sera-t-il fraction de quelque
chose. Il se sentira plus fort et se redressera
plus fier.

Les avantages du Syndicat sont donc faits pour
tenter l'individu. La société y a vu un bénéfice
pour elle-même, puisqu'elle en a autorisé et
sanctionné l'existence. Ces avantages sociaux se
résument en cette seule phrase : *le Syndicat est*

une organisation; on sait, du moins, à qui parler.

Oui, mais il y a, pour que ces bienfaits incontestables rendent leur plein et entier effet, une condition *sine qua non* et qui paraît trop oubliée à l'heure actuelle : si le Syndicat veut être prospère et utile, il faut qu'il sache se pondérer, se dominer; surtout, il ne doit pas être pour ses membres, une « religion » (comme on disait jadis des congrégations et des couvents); il ne doit pas leur imposer une discipline absolue, absorbant leur personnalité tout entière.

Le Syndicat doit être, bien réellement et uniquement, une association de travail et de discussion, et non un instrument de politique et de révolution. S'il est autre chose, il n'arrive même pas à se recruter : il reste à l'état de « Syndicat-squelette », comme on dit; les hommes libres se détournent de lui. Cette loi de spécialisation affirmée, ce caractère de technicité exclusive se sont imposés aux associations ouvrières en Angleterre, en Danemark, dans tous les pays où elles prospèrent. Pourquoi en serait-il autrement parmi nous ?

Comme toutes les choses humaines ont leur envers, comme le mal est à côté du bien et que

la ruine est enclose dans la bâtisse neuve, il faut
bien signaler cette tare originaire qui menace le
syndicalisme français. J'essaierai de le faire.
d'accord, sur ce point, avec un homme dont je
viens de citer le nom et qui n'est pas suspect :
M. Fournière : le syndicalisme ne présentera
une solution acceptable (et, d'ailleurs, partielle)
de la crise sociale que s'il s'arrache à l'idéologie
révolutionnaire et anarchiste. « s'il est jaloux de
rester uniquement professionnel, respectueux de
la liberté d'option et limitant strictement les
engagements de l'associé à l'objet propre de l'association ».

Le Socialisme et le Parlement

(mai 1907)

La Bataille des Sept Jours

———

La dernière semaine de mai a été la grande semaine de la Chambre. Jusqu'ici, elle avait hésité; elle s'ignorait elle-même. Inquiète et tourmentée, elle perpétuait, en ses délibérations, le trouble de ses origines. Elle ne se décidait pas à prendre parti dans le débat d'intérêts et de doctrines qui divise le siècle et le pays.

Cette fois, la bataille a été livrée; le corps à corps a eu lieu; les chefs ont choisi ou accepté le terrain; ils ont dirigé le combat, donné leur mesure. Chacun a dû descendre en soi-même et se prononcer à l'heure du vote.

Ce n'est qu'un premier engagement, mais un de ces engagements à lente et large évolution, — comme ceux qui se sont produits dans la guerre

mandchourienne, où les adversaires luttant pied
à pied n'avançaient ou ne reculaient qu'après
avoir, de part et d'autre, épuisé leurs forces.

· En somme, de telles séances sont des journées
historiques. La parole transforme et atténue l'action ; mais elle est de l'action encore. Tout le
monde a donné : la vieille garde et la jeune garde,
les orateurs renommés voulant se dépasser eux-
mêmes, les débutants ambitieux de gagner leurs
galons.

Il y eut des initiatives hardies, des diversions
heureuses, des tactiques imprévues modifiant,
en pleine mêlée, le sort du combat. Un parlementaire à ses débuts, M. Steeg, dénonce bravement
la coalition des fonctionnaires et des parlementaires : c'est comme s'il dévoilait, d'un geste hardi,
le sphinx qui nous gouverne. Du parterre, une
voix a crié : « Courage ! » au jeune présomptueux.

Mais la grandeur de ces journées tient à des
causes plus profondes. Le débat a posé, devant
le pays, les deux questions qui le tourmentent,
toutes deux décisives pour l'avenir de la République. Question politique : « Quelle part l'organisation démocratique doit-elle réserver à l'État ? »
Question sociale : « Vers quel but s'orientera le
régime, maintien ou abolition du Code civil avec
toutes les conséquences ? »

C'est l'œuvre de la Révolution qui est en cause.

La devise révolutionnaire était à l'origine : *Unité, Indivisibilité, Égalité, Fraternité*. On a supprimé, depuis longtemps, les mots *unité* et *indivisibilité* : ils étaient inutiles, la France s'étant achevée comme nation.

Mais, aujourd'hui, tout ce que la Révolution a élevé chancelle ; la notion de la patrie elle-même est discutée. Les parties qui paraissaient le plus solides menacent ruine.

Dans le péril imprévu, après un moment d'hésitation, le mouvement presque unanime des Français a été de courir au drapeau. Pour résumer d'abord et d'un mot rapide le sens de ces journées, le Parlement reste patriote. Il reste aussi étatiste et bourgeois, disons, si vous voulez, jacobin, — révolutionnaire dans le sens des révolutions du passé, non dans le sens des révolutions réclamées pour l'avenir.

Ce retour vers les vieilles formules, un instant négligées, a été si affirmé qu'on eût pu le prendre pour une réaction. En fait, tout le monde a reculé.

M. Jaurès a reculé : jamais il ne s'est séparé aussi solennellement de M. Hervé. Son âme de normalien a frémi ; elle lui a inspiré un de ses plus beaux mouvements oratoires, le morceau

sur la France que nous retrouverons, bientôt, dans
les anthologies patriotiques. Le ton général de
son discours, — avec le je ne sais quoi de las et
de dépris qui en alanguissait la haute conception
idéale, indique une évolution, — peut-être une
métamorphose. Ce singulier défenseur des Syndicats est leur victime au moment où il plaide
pour eux les circonstances atténuantes. Quelle
mélancolie dans cette rupture solennelle avec
M. Briand; regrets, rappels, retours. effusions
contenues, larmes à peine refoulées; et l'admirable trait final : « Ou pas ça, ou pas vous! »
C'est le dépit, oui ; — le dépit amoureux.

M. Briand a reculé. Il a repris, comme un titre
d'honneur, l'invective qui lui avait été si cruellement jetée à la face : « Je suis un *ilote* suffisam-
ment *dégrisé* pour n'avoir pas perdu le sens des
nécessités politiques... » Le voilà frappé de la
pire des déchéances : il s'est proclamé lui-même
« homme de gouvernement ».

Et M. Clemenceau, n'a-t-il pas reculé, lui aussi ?
Il n'a pas empêché la coupure de s'accomplir. Il
l'avait faite lui-même. le jour où il avait dit :
« Je suis de l'autre côté de la barricade. » Donc.
dans la logique de son rôle. bourgeois et bourgeois convaincu. affirmé. « le chapeau sur l'oreille »
(c'est entendu), « le premier des flics » (c'est

entendu encore), fait son métier de ministre : il gouverne ; il défend l'État ; il poursuit les membres de la Confédération du Travail ; il les arrête : il est jacobin. La voilà bien, la Révolution !

Le Parlement est l'image du pays. Si les députés, revenant de leurs circonscriptions, ont engagé ce combat, c'est qu'ils ont trouvé la lutte ouverte chez leurs électeurs ; c'est qu'ils ont appréhendé, aux prochains scrutins, les candidatures hostiles de ceux qui promettront plus qu'ils n'ont promis eux-mêmes et plus, surtout, qu'ils n'auront réalisé. Or, ils savent, maintenant, par expérience, qu'il y a un point au delà duquel on ne peut plus ni promettre, ni tenir.

M. Jaurès a tiré parti de la propagande par le fait et par l'intimidation telle que l'exerce, en ce moment, la viticulture méridionale ; mais l'argument se retourne contre l'illustre socialiste. Pense-t-il sincèrement qu'il y ait un procédé humain permettant de répondre, en huit jours, à la sommation adressée aux pouvoirs publics ? L'État — fût-il collectiviste — dispose-t-il d'une telle puissance ? Les lois de la nature seront-elles modifiées parce qu'un membre du Parlement sera menacé en son fief électoral ?

Généralisez. L'État peut-il tout ? Doit-il tout à

tous les citoyens? Voilà le débat soulevé par la perspective des futures réformes, par l'agitation ouvrière, par la rébellion simultanée des fonctionnaires, et même, indirectement, par le système des recommandations qu'a dénoncé M. Steeg.

L'État est-il un marchand de bonheur? Un marchand gratuit, entendez-le bien. Est-il sans défense contre les entreprises particulières? Ferat-il des lois pour des individus? A-t-il pris en charge la prospérité de chaque groupement, de chaque famille, de chaque ménage?

Le spectacle auquel nous assistons est aussi étrange qu'imprévu. De partout le privilège se reconstitue. Chacun réclame pour son clan, pour sa tribu, pour sa profession; on ne songe plus au bien public que pour le confisquer au profit du bien-être personnel et immédiat!

Et voilà ce qui est précisément aux antipodes des idées de la Révolution. Celle-ci passait le niveau sur les classes, les castes, les groupements, les corporations; elle écartait, tyranniquement, au besoin, toute revendication trop fière contre la volonté de l'État. Cette notion de l'État, M. Jaurès l'a rappelée, non sans respect : « L'État est une grande force; et, s'il ne fut pas toujours la monstrueuse idole, le moloch boueux

2

et sanglant qu'a évoqué, un jour, la vive parole
de M. le président du conseil, il a été en tout cas,
dans notre pays centralisé, une force qui n'avait
pas seulement la puissance du fait, qui avait en
même temps je ne sais quel prestige où se com-
binait le souvenir des grandeurs traditionnelles
de la monarchie et de l'énergie dictatoriale de la
Révolution. »

Eh bien! c'est cette notion de l'État que tout le
monde met en discussion aujourd'hui, soit au
nom des principes politiques, soit au nom des
doctrines socialistes.

Que le collectiviste Jaurès s'embarrasse lui-
même dans sa cause jusqu'à soutenir les agres-
seurs de l'État, cela prouve le trouble universel
de la science et des consciences.

Mais le Syndicalisme de la Confédération du
Travail, le Syndicalisme des fonctionnaires ne
perdent pas leur temps ni leurs phrases; ils
vont droit au but. Ce qu'ils demandent à l'ordre
ou au désordre social, c'est de mettre la force de
l'État au service de certains intérêts particuliers.

A Béziers, sans syndicat et sans organisation,
une misère trop réelle, mais bien mal conseillée,
adresse aux pouvoirs publics des réclamations
violentes. C'est « dans huit jours » que l'État doit
vider les caves encombrées par la mévente des

vins, probablement en ordonnant, par contrainte, une colossale et solidaire beuverie.

Mais, l'État, c'est tout le monde; l'État, c'est le Syndicat et le groupement suprême; l'État, s'il est viticulteur, est aussi consommateur. Il combine, absorbe, règle et refrène les intérêts particuliers. La nation est faite du sacrifice consenti par tous au bien général et perpétuel de la communauté.

Or, en présence de l'assaut livré par les groupes à la puissance publique, il y a une partie considérable de la nation, — de beaucoup la plus considérable, — qui est exposée aux entreprises, aux empiètements et aux dilapidations : ce sont les contribuables, les consommateurs, les non-syndiqués, les non-groupés, les « sauvages », comme on disait autrefois à la Chambre, vous, moi, des millions de citoyens, — et qui votent.

Et voilà justement d'où s'est levé le vent d'inquiétude qui, soudain, a passé sur le Parlement. Contre l'insurrection des groupements, il a craint le *quos ego* des isolés ou des indépendants; ceux-ci ne parlent pas; — ils ne parlent pas encore; — mais ils sont légion.

On a bien senti qu'un flottement se produisait dans le pays, et ce flottement apparaît surtout dans une classe jusqu'ici pleine d'ardeur et d'enthousiasme, mais que ses préoccupations d'avenir commencent à assombrir : la *petite bourgeoisie.*

Elle a entre les mains le sort des élections et, pour longtemps probablement, le sort des futurs Parlements. Or, elle n'est ni syndiquée, ni groupée, ni organisée. Elle fait son sort elle-même.

Occupée à mille métiers divers, elle est, par essence, inorganique. Elle se sent écartée et écrasée si les grandes corporations, et notamment les corporations de fonctionnaires, prennent le dessus : car la tradition du pouvoir et du despotisme est là.

Elle n'a donc d'espoir pour durer, se maintenir, arriver, que dans l'indépendance de l'État. Elle interroge les lendemains ; et le mouvement qu'elle a fait, rien qu'en levant la tête, a été le signal de la bataille des sept jours.

Maintenant, la lutte est engagée. C'est la vieille révolution qui se dresse contre la révolution nouvelle. Le parti radical paraît décidé à ne plus laisser faire et laisser aller. Il se reprend à la tradition jacobine et révolutionnaire qui est, d'ailleurs, sa véritable tradition. Il a reculé, c'est vrai, mais méthodiquement et sur l'ordre de ses chefs.

Le vote par lequel la Chambre a terminé la grande bataille qui se livrait devant elle est un vote de résistance. Nos nouveaux conventionnels se sont inspiré timidement, il est vrai, mais, enfin, se sont inspiré des grandes mesures révolutionnaires visant les comités particuliers et les groupements. C'est un essai de réaction étatiste contre la dilapidation corporative et fédérative : en un mot, c'est une épreuve atténuée et modernisée, mais une nouvelle épreuve de la loi Chapelier.

Les Associations et l'État

J'ai essayé, dans les deux précédentes études, de déterminer la forme française d'une crise qui est, d'ailleurs, universelle. La France étant une république démocratique et représentative. le trouble apporté, en général. aux conditions de la vie politique et de la vie économique se manifeste par une cachexie spéciale de ses institutions et de ses mœurs : crise dans le Parlement. crise au sein des partis — et notamment du parti socialiste — crise dans le monde du travail. crise en certaines régions du territoire national, allant presque jusqu'à l'émeute.

A peine besoin d'ajouter que les adversaires du système républicain ne se font pas faute d'exagérer et d'aggraver ces maux pour faire le procès du régime. La République n'a pas une supériorité électorale tellement écrasante qu'elle

puisse braver ce péril et traiter ses propres souffrances par le mépris.

D'ailleurs, le mal est instant : qu'on le veuille ou
non, demain, dans quinze jours, dans un mois,
disent les uns, dans un an, affirment les autres —
quelques semaines plus tôt ou plus tard — à
propos de l'impôt sur le reveau, à propos des
syndicats de fonctionnaires, à propos des grèves
corporatives, il reparaîtra. Nous sommes sous le
coup d'une attaque : mieux vaut la prévoir et
essayer d'y pourvoir.

Toute crise sociale est une crise d'État. Partout, et en France surtout, quand il y a gêne
publique, c'est au pouvoir qu'on s'en prend :

L'État a pour fonction essentielle de maintenir
la limite entre les impatiences particulières et la
stabilité générale : avant tout, ministre d'équilibre ; mais, en même temps, agent de protection.
Il assure le bien et prépare le mieux. Sa tâche
n'est pas accomplie quand il a obtenu le silence
et la paix. Il y a toujours, quelque part, un
membre du corps social qui souffre et qui im-
plore. Tant qu'il subsistera une injustice ou une
misère, les bénéficiaires du contrat n'auront pas
libéré leur signature.

Pour remplir ce devoir illimité, l'État, sous
l'ancien régime, avait réclamé une autorité

absolue, au nom d'un protectionnisme universel.
L'obéissance était, pour les peuples, le secret du
bonheur. Tout allait bien si le pouvoir se décla-
rait satisfait : quand Auguste avait bu, la Pologne
était ivre. Une superposition de communisme,
de féodalisme et de traditionnalisme monarchique
constituait la pyramide sociale que la Révolution
renversa.

La Révolution eut foi, surtout, en l'individualisme. L'État se charge de l'administration intérieure et extérieure. Il s'occupe de l'armature et
des rouages ; mais la circulation, le mouvement
intime, les échanges, les pulsations du cœur, la
vie, en un mot, ce n'est pas son affaire.

L'État bureaucratique fut le surveillant impas-
sible du laissez-faire et du laissez-passer. Pourvu
que les fondations soient solides et les toitures
en bon état, il laisse les habitants du logis se
livrer au *struggle for life*.

Grâce à cet indifférentisme, se développèrent
les tares publiques que le socialisme a dénoncées
comme inhérentes au régime individualiste et
capitaliste : la concurrence acharnée, la surpro-
duction, la loi d'airain des salaires, l'exigence
patronale, l'exploitation du prolétariat, la constitution des fortunes démesurées, les trusts, les
accaparements. Et, de là aussi, les fureurs, les

haines qui ont menacé l'édifice lui-même, l'anarchisme, la propagande par le fait, le nihilisme
méthodique, la rébellion ostensible ou latente
ébranlant les patries.

Il faut reconnaître, par contre, les bienfaits du
système individualiste. Par l'esprit d'entreprise,
par le développement de l'invention et du mécanisme, par l'accroissement des capitaux, leur
mobilité, leur ingéniosité, par l'étonnant emploi
du crédit, on a vu se produire un développement
incontestable du bien-être, un enrichissement
général, une indépendance et une fierté nouvelles chez le moindre des citoyens. *Un homme
vaut un homme*, telle est la légende inscrite en
termes indélébiles sur le contrat de salaire :
sanction logique de la loi de l'offre et de la
demande.

Ces indépendances et ces fiertés nouvelles,
d'abord isolées, se reconnurent et se rappro-
chèrent ; à partir de ce jour, la doctrine des
« économistes » fut en péril ; bientôt un nouveau
régime fut inauguré.

Nous vivons sous ce régime. C'est une sorte
d'interventionnisme, établi à mi-côte du protectionnisme absolutiste et de l'individualisme radical. L'État ne se désintéresse plus des débats
et des contrats économiques. Il les surveille et

les modère. Enseignement obligatoire, protection des femmes et des enfants, lois des accidents. encouragement ou participation aux mutualités, aux assurances, aux retraites, telles sont les manifestations récentes de cette vigilance autoritaire. Selon la doctrine saint-simonienne, l'État penche visiblement vers les classes les plus nombreuses et les plus pauvres.

Il les aide d'abord. Bientôt, il les discipline et les organise. La loi de 1884, réparant un siècle d'ostracisme contre les groupements particuliers, a introduit. dans l'organisation économique moderne. le mécanisme de l'association professionnelle.

Soudain. tout se transforme. Le Syndicat attire à lui les éléments qui flottaient, jusqu'alors, de la Révolution au collectivisme, et du collectivisme à l'anarchie. Syndicats ouvriers, syndicats patronaux, syndicats agricoles. syndicats de fonctionnaires. syndicats de syndicats : le mot et la chose font fortune, font fureur. On n'attend plus rien que du groupement.

Ce nouveau régime est-il, lui-même, sans défaut et sans péril? Les théoriciens de « l'association » jurent que là est le salut. Ils créent, de toutes pièces, une doctrine, une politique, une économique, une morale *associationnistes*.

Si les associations se multiplient et si elles embrassent tout l'ordre public, la société est, en effet, hors d'embarras : on l'a guérie de ses misères en lui enlevant sa raison d'être, comme ces parasites qui, selon la science moderne, et à l'inverse d'Ugolin, dévorent le père pour lui conserver ses enfants. Dans les chairs de la vieille société agonisante, un grouillement de petites sociétés, rivales entre elles, pullulera, creusera son gîte et trouvera sa pâture.

Proudhon a dit : « On s'associe toujours contre quelqu'un ». L'association professionnelle grandira sur les ruines des antiques associations qu'elle refoule et qu'elle dédaigne : la famille, les communautés, les mutualités et surtout l'État. Tout le monde *devra* se syndiquer. Déjà, dans beaucoup de professions, les individus ne sont plus libres.

Ainsi, l'organisation, tant désirée et tant prônée, apparaîtra, peut-être, comme une désorganisation redoutable. Le syndicalisme, remède contre l'individualisme et l'anarchisme d'une part, contre la tyrannie et le collectivisme d'autre part, montrera, comme toutes les institutions humaines, sa double figure contradictoire — souriante et menaçante à la fois.

Conclusion : — « Que les consuls veillent au salut de l'État ! »

L'État n'est ni patron ni ouvrier. Il arbitre, et il protège.

Il veille, d'abord, « à ce que la République ne subisse aucun détriment », ensuite à ce qu'aucun particulier n'empiète au préjudice ou ne souffre par l'empiètement des autres. Si l'individu isolé est sans défense et en péril, les associations trop puissantes sont une offense et un danger. On l'a bien vu pour la féodalité, pour les communautés religieuses, pour les Églises, et on y a mis ordre : cela s'appelait, sous l'ancien régime et pendant la Révolution, « des États dans l'État ».

D'ailleurs, l'État n'est pas une entité métaphysique, une catégorie de l'Idéal, l'État est une réalité, une forme vivante, composée de la volonté convergente et agrégée de tous les citoyens ; l'État, c'est tout le monde. Quand il se défend, c'est nous tous qu'il défend. Au temps présent, ce « tout le monde », qui a la direction des affaires publiques, a un organe, l'opinion. Il n'y a plus d'autre autorité et d'autre discipline que celle qui émane de l'opinion.

Eh bien ! voilà, précisément, la borne où se

heurteront, dans l'avenir, les excès ou les convoi-
tises des groupements particuliers. « On s'associe
toujours contre quelqu'un », répétons le mot de
Proudhon; on gagne à la main, on empiète. Mais
un jour arrive où une première résistance s'affirme; elle grandit. elle gronde et prononce le
quos ego! C'est l'opinion qui s'est émue et qui
s'est soulevée!

Les groupements. professionnels ou autres.
auront le vent en poupe et rempliront leur équitable et respectable mission de défense corporative, tant qu'ils ne blesseront pas la masse des
intéressés, des consommateurs, des non-syndiqués, qui forment l'opinion.

Mais s'ils la lèsent ou l'effraient, halte-là! C'est
ce qui s'est produit dans la grève des électriciens, dans la grève des boulangers, dans la
grève des cochers de fiacre, et même en divers
épisodes de l'affaire du « repos hebdomadaire ».

La viticulture du Midi en fera l'épreuve si elle
persiste dans sa tactique insensée. Elle se heurtera non seulement à la résistance de l'État, mais
aussi à une contre-grève, à un *lock-out* des
consommateurs qui achèveront sa ruine pour
longtemps.

Je suis stupéfait que ces esprits alertes et fins
que sont nos vignerons du Midi ne l'aient pas

encore compris. Ils font, à coups de tambour et à
grand renfort de pancartes, une *contre-réclame* à
leurs produits qui risque de les déprécier sur le
marché, pour des années peut-être. Les meneurs
ont-ils réfléchi à la lourde responsabilité qu'ils
assument : à savoir la mévente durable qui, par
leur faute, prolongerait la mévente accidentelle
dont ils se plaignent ?...

L'opinion est, plus que jamais, la reine du
monde. Elle s'est émue au spectacle de souffrances extrêmes, vaillamment supportées : elle
a invité ses agents, le Parlement, l'État, la République, à tempérer les vieilles exigences, à sortir
de l'indifférentisme, à panser, avec des doigts
maternels, les plaies par où le sang coulait. Cette
œuvre d'équité, de justice, d'application et de
miséricorde est à peine commencée. Dans son
impatience du mieux, l'opinion a approuvé la
création de certains organismes, longtemps
refusés, qui pouvaient l'aider. Elle les consacre,
les encourage, les favorise.

Mais, si le péril appréhendé par les anciens se
réalisait, si l'empiètement devenait la règle, si
les « États » menaçaient de dominer et d'absorber « l'État », alors la réaction se produirait
d'autant plus forte que la sympathie a été plus
grande.

L'ingérence des groupements particuliers trou-
-blant la marche des affaires publiques est un
désordre qu'aucun régime au monde n'a pu tolé-
rer. Il le serait moins encore, par le régime
démocratique. Si celui-ci, en effet, a une raison
d'être, c'est de soumettre tout le monde à la loi
de tous. Par son essence, ce qu'il déteste le plus,
ce sont les particularismes, les privilèges, —
c'est-à-dire, en somme, les aristocraties.

Bourgeoisie et Démocratie

Bismarck disait, de notre démocratie, « qu'il fallait la laisser cuire dans son jus ». Si les événements se précipitent dans le sens où ils sont engagés depuis quelque temps, les adversaires de notre système de gouvernement auront beau jeu. Le chiffre de la population se maintient péniblement, la paix sociale est menacée, l'armée est atteinte dans sa cohésion et dans sa discipline, le lien national s'affaiblit.

Si on s'élève au-dessus des préoccupations étroitement matérielles, les perspectives ne paraissent pas moins sombres : en visant « l'unité morale », on a amplifié la désunion morale; la paix des consciences est troublée; la foi patriotique — suprême espoir et suprême pensée pour les Michelet, les Gambetta, les Paul Bert — passe à l'état de vieille guitare; parmi ceux qui se réclamaient jadis de ces grands noms, peut-être en trouve-

rait-on déjà qui jetteraient un voile sur ta statue,
Liberté !

Je sais, qu'à aucune époque, les hommes,
même attentifs et éclairés, n'ont été bons juges
de leur temps. On se plaint toujours. Le malheur
pénètre, tandis que la joie effleure ; celle-ci est
à la surface et l'autre au fond. L'âge endeuille.
Tacite dit durement : « On vieillit en noir ».

Les siècles, aussi, ont leur sénilité. Les générations qui se sont cru appelées aux grandes
œuvres n'en ont que de plus tristes retours.
Chaque mort est une faillite. Les jeunesses de
1875, qui s'étaient donné pour tâche de *réparer*,
sont les vieillesses d'aujourd'hui : elles croyaient
la besogne plus courte et la vie plus longue.
Méfions-nous de la sagesse chenue, du pessimisme aux dents branlantes et au dos cassé.

Pourtant, est-il possible de ne pas ressentir la
secousse qui atteint et disloque les ressorts de
la vie publique ? Au mieux, c'est une nouvelle
France qui naît. Il n'est pas que les hommes
vivant sous l'hynoptisme du passé — ces « émigrés » dont Paul Bourget a raconté les chimères
et les misères — qui s'étonnent ; ceux mêmes
qui, du haut du mât, embrassent l'avenir, —
les vigies, — signalent une ligne sombre à
l'horizon.

Si c'est une terre inconnue, qu'elle surgisse! Mais son apparition bousculera et rétrécira les vieux continents. Aux bâtons flottant sur l'onde, on devine un monde étrange et inouï que les plus hardis n'avaient pas rêvé.

Le courant est plus étonnant encore s'il emporte, avec ceux qui s'y livrent, ceux mêmes qui se croient fermes sur le rivage : l'empire allemand qui paraît, en Europe, comme un roc au milieu des flots agités, est ébranlé, pourtant, par les coups sourds qu'en ses flancs frappe l'avenir.

Dans le surmenage de la production et de l'entreprise, les intérêts matériels se heurtent ; le fameux idéalisme allemand fut une de ces lumières qui se sont éteintes au ciel. « Les grandes pensées qui enthousiasmaient encore nos pères, écrit M. Sombart, ont perdu leur éclat ; l'idée nationale s'est trouvée démonétisée après que, dans un puissant déchaînement d'enthousiasme, eût été fondé le nouvel empire. Ce qu'on nous offre aujourd'hui, sous le nom de nationalisme, est une médiocre réédition pour laquelle personne ne s'échauffe vraiment. Ce ne sont plus que phrases creuses cachant mal le vide intérieur... » Pourtant, l'Allemagne moderne, c'est encore l'Empire. On l'a vue, aux dernières élections, sur un coup de trompette, se remettre

« en selle ». Une armature la tient debout. En
apparence, du moins, subsistent une règle, une
discipline, une direction.

Et la France? En admettant que l'inquiétude
et la menace soient universelles, voit-on un pays
où la défense et le remède paraissent plus affai-
blis et plus désarmés? La marée montante cou-
vre la planète; soit! Mais, n'est-ce pas chez nous
et en nos agitations que l'écume bouillonne, à la
pointe de la lame? Quelle ressource? Quel
recours? Tout se désagrège et se délite à la fois.
Indices redoutables, pareils aux prodromes des
longues anarchies du XVIe siècle, racontées par le
vieil Hurault, quand « tout le peuple du royaume
et principalement celui des villes furent ébahis
et, comme les forçats des galères, laissèrent
tomber, tous ensemble, les rames du devoir et
de l'obéissance ».

Si jamais un tel désordre se produit, d'où viendra l'ordre et la discipline? Vous recourez à
l'État : mais l'État ne se fonde-t-il pas, de plus
en plus, sur la satisfaction immédiate des intérêts particuliers, c'est-à-dire sur le contraire de
l'État? L'État-ministre, l'État-fonctionnaire, l'État-
soldat, l'État-patron, l'État-suffrage acceptent et
recherchent les maux dont le pays souffre.

Dire : l'État, c'est dire, par définition, « ce qui existe ». Or, voici un âge où l'on abandonne ce qui existe pour ce qui n'existe pas, où chacun se lève, à l'aube, pour suivre frénétiquement sa chimère. « Ce qui existe » — l'État — est donc comme s'il n'existait pas..

Voilà le point de la question, comme on disait au xviie siècle. De quoi se compose l'État d'aujourd'hui? De quoi l'État, demain, sera-t-il fait?

L'État d'aujourd'hui a été fondé, en 1875, par les auteurs de la Constitution. Leur maître, Gambetta, définissait l'œuvre en ces termes : « La Constitution consacre l'union de la bourgeoisie et du prolétariat. » L'adjonction du suffrage universel aux capacités, telle fut la conception, en somme vaguement philippiste, qui présida à l'établissement de ces institutions.

La bourgeoisie, par une très habile et très souple adaptation des idées nouvelles à ses conceptions et à ses intérêts, sut atteler à sa cause ce solide « cheval de renfort », le suffrage universel. Celui-ci, après la Commune, était « à bas de sang », si j'ose dire ; il se mit, de lui-même, au brancard et, dans l'attelage à deux, donna le coup de reins qui soulagea sa vieille camarade et complice des journées révolutionnaires, la bourgeoisie.

En fait, depuis 1875, la bourgeoisie a mené
le train ; elle a choisi le chemin, hâtant ou
modérant le pas, et laissant croire qu'elle
savait où l'on allait. C'est elle qui est responsable ; et si la direction vient à lui échapper,
ce sera par sa faute encore et parce qu'elle
l'aura voulu.

Or, le bourgeois français, maître et dictateur
de la France pendant le demi-siècle qui vient de
s'écouler, est-il satisfait de lui-même ?... Apparem-
ment : c'est la disposition ordinaire de M. Prud-
homme. Mais est-il fier de son œuvre, est-il
tranquille sur son propre bien-être, sur son
épargne, sur sa famille, sur l'avenir du pays, sur
la destinée des causes supérieures qui lui ont été
confiées ?

Le bourgeois, pour répondre à ces questions,
perdrait peut-être un peu de son optimisme habituel. Après avoir tiré, autant qu'il l'a pu, la couverture, voilà qu'il la trouve bien étroite. Le
camarade d'attelage rue dans les brancards,
prend le mors aux dents ; le but s'éloigne ou,
plutôt, il n'y a plus ni direction, ni but. La classe
tout entière peut dire comme le pape du
XVIᵉ siècle, quand parut Luther : « Hélas ! hélas !
nous avons tous péché ! »

La bourgeoisie française, qui avait obtenu un
répit et un délai, a péché. Elle a péché par
paresse, par imprévoyance, par égoïsme.

S'est-elle dit à temps que ce bon temps
n'aurait qu'un temps? A-t-elle compris qu'elle
rendrait, un jour, les comptes de la faveur
qui lui était faite? A-t-elle senti que, seul, un
bel effort d'intelligence et de générosité pourrait autoriser la grâce insigne qui lui était accor-
dée?

Si elle l'a vu et si cette compréhension fut
efficace, c'est ce qu'il est difficile de reconnaître
aujourd'hui, et je crains bien que, sa cause
appelée, la bourgeoisie ne fasse défaut au tribunal de l'histoire.

Tandis que le monde s'ouvrait et que les idées
irradiaient, elle a mis la tête sous le buisson,
s'est confinée dans ses querelles de clochers,
s'est repliée sur ses intérêts les plus étroits et
les plus mesquins; surtout, elle s'est divisée et
déchirée en d'atroces et futiles partialités. Elle a
regardé le ruisseau couler et l'orage monter;
maintenant, elle contemple les débris qui déjà
jonchent la terre.

Quelle ressource? dites-vous. — Un change-
ment de système, de constitution, de régime? —
Mais, ce remède même est-il applicable; cette

ressource existe-t-elle? On ne fait pas à la démocratie sa part. Maintenant, elle occupe la maison
tout entière : « C'est à vous d'en sortir... » On
le voudrait, que nul ne serait assez fort pour la
déloger.

Non, le remède est ailleurs. Il est dans ce qui
a manqué aux ouvriers de la première heure,
dans une conscience plus avertie de la nature des
problèmes qu'ils ont eux-mêmes posés.

Ce qu'il faut aux âges qui viennent, c'est,
d'abord, une éducation politique plus profonde
et plus réelle; et, puisque l'âme a manqué, plus
de largeur d'âme.

Il y a quarante ans, avant la guerre, on ensei-
gnait à un peuple, accablé par les fautes de la
dictature, la méfiance du pouvoir, la haine de
l'autorité, fût-elle exercée par lui-même sur lui-
même. Jules Ferry disait, après Proudhon : « La
France a besoin d'un gouvernement faible. »
Aujourd'hui, la question ne se pose plus ainsi :
tous doivent avoir, désormais, une exacte connaissance de ce qu'est l'État, de ce qu'il peut,
de ce qu'il faut savoir lui céder, de ce qu'il faut
savoir lui refuser. Les diverses parties de la
nation ont à s'apprendre mutuellement ce qu'elles
se doivent; par l'intermédiaire de cet arbitre

accepté, l'État, elles doivent s'offrir l'une à l'autre délibérément les sacrifices nécessaires.

D'abord, que « ce qui existe » subsiste! En renonçant aux phrases creuses, aux fallacieux programmes et aux décevantes entités, on cherchera les solutions humaines non dans la doctrine seule, mais au cœur des réalités. S'imaginer que la Justice, la Vérité, la Fortune, sont des nymphes cachées en quelque endroit mystérieux où un législateur héroïque, enfourchant Pégase, saura les atteindre et les délivrer, c'est une histoire, fille des vieux manuels où notre âge scolastique a lu ses premières leçons. Les hommes seront vrais, justes et meilleurs, s'ils commencent par se réformer eux-mêmes. Le vrai programme est là.

Si notre bourgeoisie peut encore se reprendre, si en toute sincérité, cordialité et avec ce désintéressement habile qui vise aux intérêts supérieurs, elle se rapproche du peuple, l'instruit, prépare pour lui les améliorations prochaines, effectives, pratiques, — ne lui disant que le vrai; — si, au lieu des belles paroles, elle lui apprend les choses; si elle enseigne la raison en se montrant elle-même raisonnable, alors, son rôle n'est pas fini et, du ménage fondé en 1875, une postérité heureuse et féconde peut naître.

Mais le temps presse, l'heure est sonnée. Le salut est dans l'abandon des formules romantiques et dans la détermination des solutions pratiques.

Pour nul mal, il n'existe de panacée, ni de remède providentiel. Les choses sont, non comme elles devraient être. — mais comme elles sont.

La Chimère et les Réalités

J'ai dit les difficultés de l'attelage accouplé en
1875 : le prolétariat et la bourgeoisie tirent à
hue et à dia. Notre France, notre vieille France
centralisée et égalitaire n'a pas su dégager encore
la formule qui, sous le nom de Démocratie, doit
couvrir, comme on dit, tout à la fois l'ordre
politique et l'ordre social.

On m'a reproché de n'avoir signalé que les torts
de la Bourgeoisie. — « Vous l'avez montrée négli-
gente, insouciante, égoïste. Et le peuple, n'est-il
pas, trop souvent, brutal, exigeant, hostile? »

— C'est vrai. Mais la responsabilité est à celui
qui conduit. Or, la Bourgeoisie n'a cessé, depuis
quarante ans, de revendiquer, par la parole et
dans les actes, un rôle directeur : c'est le chapeau et la redingote qui règnent dans les assemblées; la casquette et le bourgeron y apparais-
sent timidement. La bourgeoisie a voulu être à

la peine, à l'honneur, aux honneurs..., elle y a
été maintenue; elle y est encore; elle a charge
d'âmes. A-t-elle pleinement et consciencieusement rempli son mandat?

Un grand effort fut fait, d'abord, par les vigou-
reux esprits et les cœurs chauds qui avaient reçu
la leçon directe des désastres et que l'ardeur de
Gambetta animait.

On demandait beaucoup au peuple. mais on lui
offrait beaucoup. On votait, pour lui, ces lois
d'enseignement dont Paris célébrait hier le vingt-
cinquième anniversaire et qui, malgré certaines
lacunes et en dépit de certaines déceptions, sont
les plus justes et les plus généreuses dont une
société ait pu faire largesse à ses membres. Elles
n'ont pas fondé la démocratie, mais elles l'auront
rendue possible et humaine si elles ne sont pas
détournées de leur sens profond — à savoir l'accroissement de la dignité individuelle, — pour
devenir les instruments de querelles mesquines.

Aujourd'hui, le citoyen utile et sérieux, quelle
que soit son origine, ne trouve plus, entre lui et
sa destinée, le mur de son ignorance.

Reconnaissons que l'ignorance dissipée n'assure pas l'âme exhaussée, que la morale n'est
pas fondée sur la règle des participes et que le
problème de l'existence n'est pas soumis à la

preuve par neuf. Pourtant, il y a quelque chose d'accompli si la voie est aplanie devant « l'homme qui marche » et si une vieille iniquité est abolie.

On réclama, de tous les fils de la nation, le service militaire. Comment le contrat fut-il scellé et exécuté? C'est une page bien complexe de nos annales nationales. Il n'y eut pas, dans tout cela, une entière franchise : égalitaires en apparence, les lois successives maintenaient les distinctions arbitraires; le privilège de classe se glissa et se cramponna sous l'exigence du « sac au dos ».

Nos petits bourgeois ont les mains délicates et les pieds fins. Leurs mères les aiment douloureusement; elles souffrent en eux : « — Surtout, qu'ils restent là, tout près, plus près encore! »

Le recrutement régional a été le moindre mal : avec les diplômes, les dispenses et les faveurs ont passé par la porte de la caserne entrebâillée, puis grande ouverte. Les fils à papa, que dis-je? les fils à maman ont emporté le pompon pour le tir au flanc, la bretelle relâchée et le sabotage en douceur... Maintenant, rendus à la société, voyant ce qui se passe dans les casernes, ils s'émeuvent, les bons bourgeois craintifs : « Tu l'as voulu, Georges Dandin! »

Il faudrait un volume pour exposer l'entreprise

confuse et le demi-échec actuel des lois d'organisation du travail et de prévoyance sociale. Au
début, bonnes volontés incontestables et réalisations timides mais encourageantes : lois Roussel,
surveillance du travail des femmes et des enfants
dans les manufactures, aides aux mutualités, loi
des accidents, institutions des syndicats corporatifs. On avançait lentement, — beaucoup plus
lentement que la plupart des pays voisins —
mais, du moins, on ne s'arrêtait pas.

Tout à coup, le pays tombe dans une de ces
crises qui se sont trop souvent répétées au cours
de son histoire, crise de logomachie grandilo-
quente et d'hystérie imaginative. Nous avons
cette lésion dans le système nerveux, et surtout
depuis l'époque napoléonienne et romantique.

Un beau matin, le peuple français se sent rede-
venir l'apôtre des nations ; quelque chose s'élar-
git et se gonfle en lui. Il lève les yeux vers l'Au-
delà, monte sur la borne et harangue les peuples
de l'Univers.

La foule, bouche bée, écoute le boniment pendant que les aigrefins retournent les poches et
coupent les bourses. Cependant, notre prédicant
s'exalte : le rouge au visage, les larmes aux yeux,
les bras au ciel, il vaticine, annonçant la Jérusa-
lem nouvelle et les temps qui vont venir. On le

croit, on le suit; le voilà baptisé « rédempteur ».
A sa voix s'élève le grand fantôme de l'illusion
et du rêve. Il a rapproché les horizons lointains :
il a ouvert le ciel : c'est le prophète de la chimère... Nous avons eu, vers la fin du dernier
siècle, notre crise de chimère.

Quelques bourgeois, nés malins, payèrent le
peuple de cette monnaie à l'heure où il fallait en
venir aux larges sacrifices. On restaura les vieux
clichés romanesques et romantiques; on fit parler la bouche d'ombre: une autre société allait
naître.

Ce fut, d'abord, l'utopie collectiviste, si démo-
dée maintenant, dont personne n'a jamais pu
préciser ni déterminer les contours et qui bâtit,
sur des nuées flottantes, des édifices de brouil-
lard.

Ce fut la panacée de l'arbitrage, de l'antimilitarisme et du désarmement. Une fois déjà, elle
réunit, à La Haye, les représentants du monde
civilisé pour délibérer sur les projets confus et
sur des engagements trompeurs, à la veille du
jour où éclataient la guerre du Transvaal et la
guerre russo-japonaise. Personne n'osa dire, avec
loyauté et franchise, que le travail des diplomates
est vain s'il ne puise sa force dans une disposition universelle à la paix : tant qu'il y aura, dans

le monde, des injustices et des ambitions, la force
sera nécessaire pour les contenir ou les refréner.

Notre Midi vient de subir, lui aussi, son accès.
Une simple comparaison suffira pour montrer
le contraste de la politique d'illusion et de la
politique des réalités.

Il y a vingt ans environ, les populations du
nord de la France furent éprouvées presque
aussi gravement que le sont, maintenant, celles
du Midi, par la mévente du blé et la crise de la
betterave. Les prix n'étaient plus rémunérateurs ;
on s'était attardé sur des succès anciens et des
méthodes surannées ; d'autres puissances étaient
entrées victorieuses sur le marché.

Ce fut, d'abord, un sourd murmure, puis une
plainte, puis un cri d'alarme. La propriété était
sans valeur, les fermes ne se louaient plus, la
main-d'œuvre restait ballante ; l'exode commen-
çait.

Les sénateurs et les députés de la région se
firent, au Parlement, les interprètes de la souffrance générale et de l'angoisse indicible. Mais
on ne perdit pas courage et, surtout, on ne
perdit pas de temps. Une enquête fut immédiatement ordonnée. Le ministre de l'agriculture du
cabinet Ferry, M. Méline, prit en main la défense

des pays menacés. On consulta les hommes compétents ; des missions furent envoyées dans les pays concurrents ; on découvrit les diverses causes du mal ; on préconisa les meilleurs remèdes.

De ces longs travaux se dégagèrent peu à peu, et non sans de pénibles tâtonnements, la loi des sucres et la loi des blés, cette loi de 1884 et les tarifs de 1892 qui furent, pour ces départements à la fois si laborieux et si éprouvés, de véritables lois de salut. Le remède avait ses inconvénients et ses périls. Je ne reproduirai pas ici le débat classique du protectionnisme et du libre échange. Mais on avait couru au plus pressé ; on avait paré au danger immédiat, et le reste est venu par surcroît. Le mieux était né de l'étude exacte. attentive et sympathique des réalités.

Pourquoi n'avoir pas agi de même en présence de la crise menaçante dans le Midi ? Elle était annoncée depuis longtemps. Mon vieil ami, feu Bellot des Minières, avec sa poigne de lutteur et sa hardiesse de grand aventurier, avait décrit d'avance, dans des brochures passionnées, le péril imminent. On savait qu'un vaste programme de secours, appliqué avec suite, pourrait seul venir en aide à la monoculture viticole menacée. Les uns prônaient la replantation, d'autres de grands travaux d'irrigation ; tous étaient d'accord pour dénoncer la fraude. De temps en temps, les doléances avaient un écho dans le Parlement. On votait, à la hâte, quelque loi tronquée. Et le mal s'aggravait toujours.

Il y a six ans environ, j'ai vu, en Espagne, au port de Passages, des bateaux français abordant, avec des chargements complets de bouteilles *vides*, de bouchons *neufs* et d'étiquettes *intactes* portant des marques françaises réputées. Ces bouteilles, avec leur assortiment, venaient, *de France*, se faire remplir de ces vins ou plutôt de ces mélanges exotiques qui ont déshabitué le monde et la France elle-même du bouquet délicat de nos vieux vins gaulois.

On ne s'en inquiétait guère; on vivait au jour le jour. La denrée était encore rare : le vignoble n'était pas reconstitué. Tant mieux pour ceux qui tiraient leur épingle du jeu. Et l'autre vignoble — le funeste vignoble de la fraude — n'avait pas encore aligné ses foudres!

Maintenant, le mauvais vin coule à flot et noie le vin trop abondant des bonnes récoltes apparues. Le marché affolé n'ose plus se mouvoir ni prévoir, il attend. Et les yeux se tournent vers le « rédempteur », à défaut du gouvernement qui pense à autre chose et qui, lui aussi, poursuit sa chimère.

On discute, mais à côté. On s'emballe, on s'exalte... et l'on n'aboutit à rien.

L'étude d'un programme précis inspiré de celui de 1884 s'impose : d'abord une enquête parlementaire sérieusement et rondement menée : une descente sympathique du Nord vers le Midi, l'envoi non pas de garnisaires, mais d'hommes techniques, bienveillants et inspirant confiance. La répression de la fraude vient d'être abordée par des mesures prises peut-être un peu hâtivement : suffisantes ou insuffisantes, que l'on applique les lois et que l'on fasse des exemples ! Si la nouvelle législation porte atteinte aux intérêts des départements betteraviers, que l'on pare aussi, de ce côté, pour ne pas substituer un mal à un autre, et que le gouvernement encourage les tentatives faites récemment pour concilier, par un accord mûrement délibéré, la cause du Nord et celle du Midi.

On s'efforce, dit-on, de trouver une utilisation rapide de l'alcool dans l'industrie : de premières études avaient été commencées, il y a trois ans : pourquoi n'ont-elles pas eu de suite? La distillation généralisée sauvera ce qui pourra être sauvé. L'alcool, épargné dans la grappe, est un don du soleil qu'on ne peut laisser s'anéantir.

Les grands travaux d'irrigation pourraient être

entrepris : ne les discute-t-on pas depuis assez longtemps? Si la replantation est nécessaire, pourquoi n'envisagerait-on pas la création de caisses viticoles faisant aux syndicats ou aux particuliers les avances nécessaires? En attendant, si des secours sont urgents, qu'on les accorde; si l'impôt est trop lourd, qu'on décharge, temporairement, le vigneron accablé.

En un mot, au lieu de regarder le ciel et d'attendre le miracle que les yeux mouillés de Marcellin Albert n'obtiendront pas, qu'on se penche sur le sol et qu'on motte, au besoin, la pioche à la main.

Cette crise, comme celle du Nord en 1880, doit servir de leçon et d'exemple. La misère sociale a pour remède la solidarité sociale. Il ne s'agit pas de jeter le manche ou de tout casser; il s'agit d'agir! La France, par une juste et exacte étude des réalités, doit apporter aux provinces ou aux populations qui sont dans le malheur un secours immédiat et efficace. C'est là tout l'objet de toute la raison d'être de l'État.

Le Point de suture

La France n'a pas une bonne presse au dehors. Les journaux russes nous reprochent l'indiscipline du 17°, le trouble social généralisé, les querelles parlementaires : « La France est perdue ; l'alliance est compromise. » Et qui dit cela ? Les Russes !...

Les Belges lèvent les bras au ciel : « Mon Dieu ! protégez-nous contre nos voisins. Paris est une sentine de corruption, un repaire d'apaches. Il se passe des choses abominables, à faire rougir un Congolais : des maires ont donné leur démission ; il y a, dans le Midi, des gens qui parlent de ne plus payer leurs contributions ! On discute l'impôt sur le revenu. L'argent file en Belgique !... » Et qui dit cela ? Les Belges !...

Quant aux Anglais et aux Américains, ils rayent, tout bonnement, cette France dégénérée de la carte des nations : « Si vous saviez ce qu'on dit de nous ici. » m'écrit-on de là-bas. Heureusement cela n'empêche pas « l'entente cordiale ».

Eh bien! oui, nous sommes dans une mauvaise passe. Nous subissons une crise : et nous ne le cachons pas; pas assez peut-être. Comme Job, nous étalons nos plaies sur notre fumier. Le linge sale, chez nous, se lave en public.

Donc, nous sommes malades... Comme les camarades, voilà notre seule réplique et notre seule consolation; — tout en ajoutant que le mal des uns ne guérit pas, comme on dit, le mal des autres. Un peu plus tôt, un peu plus tard, vous y passerez, messieurs qui contemplez nos tempêtes du rivage. L'indiscipline sociale, le tirage au flanc dans l'armée, le sabotage dans le civil, vous en avez souffert, vous en souffrez ou vous en souffrirez; il n'y a pas à dire, mon bel ami.

M. Lichtenberger, dont j'aime à citer le livre si impartial, analyse les plus récentes publications allemandes: nos voisins s'inquiètent de voir que l'Allemagne n'est plus en état de nourrir son peuple avec les produits de son sol. « Nombre d'Allemands considèrent sans enthousiasme l'homme artificiel d'aujourd'hui, né sur l'asphalte des grandes villes, sans contact avec la

nature, sans tradition, sans passé, sans personnalité propre.

« Ils se demandent, non sans quelque inquiétude. où tend cette évolution. Va-t-elle aboutir à
un *cataclysme*? ou à une lente *décadence*. à l'avènement de ces « derniers hommes », innombrables
comme des pucerons, trop avertis et trop pru-
dents, sans espoir et sans idéal, dont rêvait
l'imagination ardente de Nietzsche? »

Cataclysme, *décadence*, *Nietzsche*, rien n'y
manque. Et il s'agit de l'empire militaire le plus
solide. le plus glorieusement sanglé dans son
uniforme, le plus attentif à cacher ses misères
et ses tares!

La dernière victoire électorale a donné quelque
répit à l'Allemagne de Bismarck. Mais pour
combien de temps? C'est la question... et c'est
le danger peut-être. Serrée par le catholicisme
et le socialisme, la dynastie est prise entre les
deux pinces de la tenaille : elle les voit se rap-
prochant vers elle d'un mouvement invincible...
Et quoi! ils ne sont donc pas tranquilles, même
au sommet de la pyramide de fer, là-haut?

Le mal est partout; il est connu, nommé,
classé : c'est la crise d'adaptation de la démocratie à la vieille société européenne, la mainmise fatale des peuples sur le gouvernement.

Tout le monde sait à quoi s'en tenir : seulement, on n'a pas encore trouvé le procédé, le tour de main qui assurera le succès de l'opération: car, il s'agit bien d'une opération. et des plus délicates.

Ce qu'il faut déterminer, parmi les secousses de l'opinion et les convulsions du patient, c'est le lieu favorable à la reprise des chairs. le point de suture.

A quel endroit exact se fera le jointement. quels tissus sont vieillis et morts, quels adhéreront et reprendront une vie nouvelle? On cherche. on tâtonne, on se plaint. Une fois la ligature réussie et le bandage enlevé, cela paraîtra tout simple et le moindre carabin s'en tirera à miracle. Mais il faut que la méthode soit découverte et la leçon donnée. Par qui?... D'où l'attente et l'inquiétude universelles.

La France souffre comme les autres : plus sensible, plus impressionnable, plus nerveuse, elle souffre davantage peut-être. Elle tente, comme elle l'a fait si souvent, au cours de son histoire. des expériences sur sa chair vivante qui serviront, peut-être, au reste de l'humanité.

Un homme de mérite, — mais un politicien, vous allez voir, — disait, ces jours-ci, à quelqu'un qui lui demandait ce qu'il restait à faire. «Ce qu'il reste à faire? Une seule chose, de la réaction. Seulement, il s'agit de savoir si le parti radical sera assez malin pour la souffler au parti réactionnaire.» Le mot est brillant, non juste : ce qu'il faut faire, c'est non pas de la réaction, mais du gouvernement. Il ne s'agit pas de résister, mais d'organiser. Et c'est bien plus difficile!

En excellent politicien qu'il est, notre homme d'esprit pose tout de suite la question de personnes ou la question de partis. *Quis, Quomodo, Quando?* disait la logique d'autrefois : *qui, comment, quand?* En France, on s'occupe surtout du *qui?* Voilà l'erreur de notre pays et de notre âge. Nous attendons toujours quelqu'un. Et nous voulons que ce quelqu'un passe d'abord. Après, le troupeau suit.

Qui? Mais c'est mettre la charrue avant les bœufs, c'est supposer résolu ce qui est en question, il n'y a qu'une réponse possible et qui sortira des événements: l'œuvre sera accomplie par celui ou par ceux qui auront la capacité et la force de l'entreprendre.

Il n'y a pas de calculs ni de combinaisons qui tiennent. L'homme ou les hommes qui sauront, ceux-là seront les appelés, les élus; c'est parmi eux qu'on trouvera le *quelqu'un, quis?* parce qu'il aura découvert le temps et le comment, le *quo-modo* et le *quando*.

La nation le devinera, le saluera, lui fera pleine confiance. Le malade, lit aux yeux du médecin, la certitude du diagnostic et la sûreté de la main. Aux premières paroles échangées, peuple et chefs se seront reconnus.

M. Vandal, dans le livre puissant et profond qu'il a consacré à l'avènement de Bonaparte, a étudié le cas qui, dans notre histoire, paraît le mieux rappeler la crise actuelle (combien différent toutefois! mais cela vaudrait une étude). Parmi tant de détails et de traits révélateurs, l'historien cite une *confidence*, nous dirions aujourd'hui une *interview*, que Bonaparte fit communiquer au public aussitôt qu'il se fut saisi du pouvoir : « Lui aussi, — disait, en parlant de lui-même, le premier consul, — lui aussi est jacobin dans le sens où l'entendent les émigrés et les partisans des Bourbons... Après avoir illustré la République par ses victoires, il n'ira pas la livrer à ses ennemis. *Il n'est pas venu contre son siècle.* Vouloir tuer la Révolution aurait été l'acte d'un fou ou d'un scélérat... »

Aujourd'hui, vouloir tuer la démocratie serait une tentative plus monstrueuse et plus absurde encore. La démocratie est debout, vivante, seule

possible et seule juste. Il faut lui faire sa place,
ou plutôt, comme elle la prend toute, étant tout
le monde, il faut lui demander à elle-même, lui
arracher à elle-même et à sa volonté instruite et
éclairée, les lois, les règles et les disciplines qui
la sauveront.

Le premier homme, tout nu, abandonné dans
la forêt ténébreuse qui voilait à ses yeux la face
du ciel, n'était pas plus tourmenté et anxieux,
quand il levait la tête pour trouver sa route, que
le peuple cherchant, lui aussi, sa lumière et sa
voie dans le maquis des formules pourries, des
législations délabrées, des théories enchevêtrées
et luxuriantes.

Si l'un de nos fabricateurs de chimères affirme
qu'il détient le secret, qu'il a tout deviné, prévu,
circonscrit, méfiez-vous. Si l'un de nos rétro-
grades prétend, pour échapper au présent qu'il
insulte, ramener la France au temps du cardinal
Dubois et de la Pompadour, qu'il vénère apparem-
ment, grand bien lui fasse !

On n'arrache pas l'homme à l'histoire pas plus
qu'à la nature ; on n'étouffe pas la semence sous
la terre, pas plus qu'on ne fait pousser la plante
en la tirant par les feuilles.

Le bien de tout le monde se fera par tout le

monde, préparant la leçon que les plus aptes
dégageront quand l'heure sera venue. Le mieux
c'est d'y travailler les uns et les autres, en toute
cordialité, simplicité d'esprit et en grande foi.
L'humanité veut subsister malgré tout ; elle ne
s'éloignera donc pas des lois de la vie. Si le mal
devait l'emporter et si la vie devait céder la place
à la mort, depuis si longtemps que le monde est
monde, ça se saurait.

Le mouvement qui projette la démocratie vers
son but, la hâte qu'elle a de saisir l'autorité et
de réaliser sa force viennent d'une double appé-
tence à la fois physique et psychique. Ce que veut
la foule, c'est le bien-être particulier et général ;
et elle veut, aussi, la dignité individuelle et sociale.
Elle court à cela comme le fleuve suit sa pente.
Elle sera toujours indulgente et confiante à ceux
qui travaillent ou seulement promettent de travailler dans ce sens ; elle leur donnera beaucoup,
son temps, sa peine, sa fidélité ; elle aliénerait
même (que les dieux nous préservent) sa liberté.

Physiquement, elle souffre : elle souffre dans
ses enfants, dans ses vieillards, dans ses malades,
dans ses chétifs et ses malvenus. Moralement,
elle souffre ; elle souffre dans ceux qui s'inclinent,
dans ceux qui filent doux, dans ceux qui s'abaissent, dans ceux qui s'irritent, dans tous ceux qui

voudraient connaître la joie, la paix, l'indépendance, l'orgueil... Que voulez-vous? Descendez en vous-même; c'est la nature.

Mais, cette dignité, ce bien-être, auxquels elle aspire, ne peuvent-ils se réaliser que par un chambardement complet, un désordre pire que la ruine?

Faut-il passer par l'anarchie pour découvrir l'archie future, pour chercher un mieux aléatoire sur une terre promise, mais inconnue? Ou bien, faut-il se croiser les bras, laisser la société au travail incertain et brutal des témérités offensives et des violences répressives?

Ou enfin, ne pourrait-on pas, dès maintenant, essayer de dégager le sens intime d'une lente et pacifique évolution? Ne trouverait-on pas, dans les accidents d'aujourd'hui, les symptômes d'une transformation qui se cherche et la première révélation des choses qui vont venir?

Schopenhauer a reconnu, dans la loi de l'amour, l'instinctive roublardise de la vie qui veut dérober à l'égoïsme individuel les sacrifices nécessaires à la survie : c'est le piège de la nature.

Ne découvrirait-on pas, dans les caprices et les fougues du temps présent, quelque appel analogue; un effort indiscipliné, cahoté, aveugle vers un futur autre et meilleur? Tant de rêves et de fantômes que suit la foi moderne ne l'entraînent-ils pas vers la pente par où la survivance des sociétés veut s'accomplir? Ce serait le secret de l'autre loi d'amour et le piège de la civilisation.

Contemplez le « visage émerveillé » de Marcellin Albert. « Qu'ai-je voulu ? s'écrie-t-il; rien que le bien. Et on parlera de moi dans l'histoire. » Tous se glorifièrent de leur folie et « ils se sont cru des dieux ». Mais le pain de l'avenir se fera peut-être de la semence qu'ils ont jetée au vent. Déjà, la roue tourne; elle attend le grain nouveau qui lui sera livré.

Il me semble que, dans les grandes discussions engagées actuellement, on voit se négocier l'échange des sacrifices par lequel ce qui est se fondra dans ce qui va venir. Ce n'est plus la négation pure et simple, le *nescio vos* de jadis.

Dans un discours mémorable, M. R. Poincaré conviait la bourgeoisie aux « concessions nécessaires ». Hier, M. Jaurès donnait la réplique :

— « Méfiez-vous de M. Poincaré : ce qu'il a proposé contenait en germe ce que l'on discute aujourd'hui. » N'est-ce pas (avec une épigramme émoussée, — j'allais dire académique) une adhésion de M. Jaurès aux propositions de M. Poincaré ?

Voilà donc que tout le monde se met à faire,

sinon de la réaction, du moins du gouvernement.
M. Clemenceau pose la question de confiance sur
le maintien de la discipline dans l'armée. M. Jaurès salue, dans M. Poincaré, un précurseur.

Que les temps sont changés. Est-ce que la
leçon des dernières expériences aurait porté ? La
chimère céderait-elle la place aux réalités ? Le
programme va-t-il se préciser ? Approcherait-on
du point de suture ?

Définitions

Paul Bourget me disait l'autre jour, à l'Académie : « Il faut, pourtant, que nous définissions les termes : vous parlez sans cesse de *démocratie*. Qu'entendez-vous par démocratie? Est-ce le nombre? — Oui, c'est le nombre. — Quoi, les électeurs comptés un à un, avec valeur égale; le suffrage universel, tout simple et tout cru? — En effet, le suffrage universel; les citoyens comptés un à un; la loi des majorités... — Avec vous autres, qui avez été mêlés à la politique, on ne peut discuter. Vous ménagez toujours quelque chose ou quelqu'un ! »

— « Bon. Nous vivons dans notre temps, voilà tout. Mais, avec vous autres, philosophes et romanciers, c'est plus difficile encore. Vous vous refusez à tenir compte des réalités. Vous disposez à votre gré d'un monde que vous vous forgez :

c'est le royaume de la chimère. Vous et quelques-uns de vos amis, vous avez foi dans je ne
sais quel retour à des idées mortes, si jamais
elles ont vécu. Vous suivez avec joie le plus
séduisant et le plus téméraire d'entre vous,
Joseph de Maistre, et vous vous créez, à plaisir,
un ancien régime de commande, où un Inno-
cent III apaisé coudoie un Louis XIV purifié.
Vous disposez de l'histoire. *Prophètes du passé*,
comme disait Barbey d'Aurevilly, vous cherchez,
en arrière, des paradis non moins illusoires que
les paradis de l'avenir ; millénaires à rebours,
vénérateurs des vieux *an mil*, qui auraient dû,
pourtant, vous enseigner leurs misères et leurs
déceptions. »

Un de nos confrères, qui fut député à l'Assem-
blée nationale, qui a beaucoup vu et beaucoup
retenu, assez vaillant pour rester optimiste et
assez clairvoyant pour être désabusé, me prit par
le bras et me dit ce mot profond qu'il me par-
donnera de lui emprunter : « Ce qui m'effraie
dans mes amis, c'est qu'ils font de notre système
un paradoxe... »

Voilà le défaut de la cuirasse. Avec la promp-
titude et la force de divulgation que la presse
donne à la discussion, nous prenons, de plus en
plus, le ton absolu et péremptoire. On pose des

principes (pauvre de nous!), on enchaîne des
syllogismes et on pousse des conclusions. Tous
nos discours sont des « discours de combat ».
La vieille scolastique s'est mise en auto et fait du
cent à l'heure. Avec ce train, on est vite au bord
du fossé, et, d'où qu'on vienne, où qu'on aille,
en péril du choc brutal ou de la culbute.

... Vous voulez des définitions. Eh bien! défi-
nissons. Le régime démocratique, donc, me paraît
être la forme essentielle et fatale de l'ordre social
à notre époque; et je prends le mot dans le sens
simple et large, acquis et conquis par un siècle
de discussions, d'expériences et de révolutions :
c'est à savoir la souveraineté des citoyens s'af-
firmant par le vote individuel, la loi des majorités, la représentation et la délibération des
Assemblées.

Ce n'est pas parfait, mais quoi! on n'a rien
trouvé de mieux.

S'il n'est pas admis, d'abord, que, depuis plus
d'un siècle, la marche du monde s'est faite dans
ce sens; si l'on ne veut pas reconnaître que le
mouvement, loin de s'arrêter, se développe et
gagne des peuples, qui paraissaient à l'abri de la
contagion (ô Perse parlementaire!); si l'on ne
veut pas voir que les empires les plus méfiants et
les plus sévèrement cloîtrés ont dû s'ouvrir à

5

cette nécessité, préférant libérer et organiser
l'opinion publique (car, c'est là tout), plutôt que
de la comprimer jusqu'à explosion; si l'on n'admet pas le clair enseignement que donnait, hier
encore, l'Allemagne quand elle soumettait la
politique de l'Empereur — de l'Empereur! — au
coup de dé d'une votation populaire; quand elle
faisait reculer la majesté impériale devant un
discours « parlementaire » du chancelier de
Bulow; si l'on ne veut pas compter avec de tels
faits et des myriades d'autres faits analogues qui
couvrent tout le champ de la politique contemporaine, alors, en route pour Utopie, faisons voile
pour Salente. Nous en reparlerons dans trois
cents ans !

Bon Dieu ! puisque Royer-Collard l'a dit,
laissez-moi hasarder cette nouveauté : « La démocratie coule à pleins bords »; laissez-moi répéter,
après Tocqueville : « Nous allons vers une démocratie sans bornes. » Et admettez, avec ces
fameux révolutionnaires, que la démocratie,
c'est l'ensemble des citoyens.

La définition est aussi simple et aussi large
que possible. J'ajoute, qu'une fois acceptée, elle
se suffit.

Si l'expression « démocratie » implique l'accession de tous, non seulement à la confection de

la loi, mais à la direction des affaires et à la responsabilité du gouvernement (ce qui est énorme, car on pourrait réserver la part d'une certaine compétence et technicité), si, donc, on admet que la majorité des citoyens votants « règne » et « gouverne », il faut qu'il soit bien entendu que cette autorité appartient complètement, également et loyalement à tous.

La démocratie n'est pas une catégorie restreinte, une portion du peuple, si intéressante soit-elle, mais bien le peuple tout entier, « tel qu'il est et se comporte », comme dit le formulaire. Le peuple, c'est tout le monde. Si l'on entend ou si l'on veut laisser croire que le peuple n'est pas tout le monde, on trompe le peuple.

Il me semble que l'on peut maintenant expliquer plus complètement et plus exactement la nature et le caractère du régime démocratique. La démocratie, disons-nous, c'est le peuple en tant qu'agglomération de tous les citoyens. Le citoyen, c'est l'homme considéré comme « animal politique ». Or, l'homme est un animal politique par ce fait qu'il a le désir de se grouper avec ses semblables, d'agir sur eux et de les dominer. Ce désir est inné et impérieux dans l'homme, non moins que tout autre instinct social : celui de créer une famille, de laisser trace de sa vie et même, — comme on pourrait l'établir sans peine, — le besoin du sacrifice.

Ne retenons, à l'heure présente, que le goût du commandement; M. Sellière l'appelle Impérialisme. L'expression est bien un peu ronflante pour un sentiment si naturel et universel. Pas besoin d'être César pour vouloir être le premier dans son village ou dans sa maison. Disons, tout bonnement, que chaque homme a de l'ambition. Et c'est cette ambition que j'accepte comme le ressort de la politique moderne. La foule des ambitions est réunie sur le forum et délibère. Souvenez-vous de la parole de l'ancien : « Je ne vois ici que des rois. »

Si la démocratie a un avantage, c'est qu'elle excite et anime, en tous et en chacun, cette surtension et cette expansion de la puissance de volonté qui totalise, vers le centre nerveux directeur, l'afflux le plus considérable de sensibilité et de force. C'est une hyperexcitation de tous les membres dans leur participation et collaboration à la vie du corps.

Jusque dans le moindre des hameaux, à la minute la plus obscurcie de l'existence, il existe et subsiste chez le citoyen qui a, une fois, goûté

au sel de la vie publique, un souci et une préoccupation du bien général. Il quitte la pioche pour
l'urne et le gain pour le scrutin.

J'ai vu, sur le lit de mort, tandis que la rigidité gagnait le visage contracté par l'aperçu
terrible de l'Au-delà, j'ai vu l'homme de bien
s'intéresser, d'une voix éteinte, au drame politique qui allait survivre et gémir, au milieu de
ses souffrances, des souffrances inconnues qu'il
laissait après lui.

C'est l'accumulation de ces forces, de ces
volontés et bonnes volontés individuelles qui,
même dans le conflit permanent des concurrences, fait la grandeur des démocraties.

Je ne crois pas que l'on puisse négliger tout à
fait le témoignage d'un esprit aussi froid et désin-
téressé que Grote quand il écrit, à propos
d'Athènes : « La démocratie, dans l'antiquité
grecque, possédait le privilège, non seulement
d'allumer un attachement ardent et unanime
pour la Constitution dans le cœur des citoyens,
mais encore de créer une énergie d'action publique et privée, telle qu'on n'en aurait jamais
obtenu sous un régime où tout ce qu'on pouvait
espérer était une obéissance et un acquiescement
passifs. »

Cet avantage est compensé par assez de

misères pour qu'on ne le conteste pas sérieusement. Tout le monde joue à égalité sa partie
avec tout le monde et, par conséquent, se pas-
sionne au jeu.

Mais, vous voyez aussi combien cette simple
constatation de la concurrence des ambitions
serre de près la solution du problème posé au
début, à savoir le gouvernement par le peuple.

Qui dit ambition dit élan, volonté, énergie,
aptitude.

Le nombre n'est donc pas tout; seul, il ne
suffit pas. Si la démocratie est le total des puissances de volontés individuelles, chacune de ces
puissances agit avec d'autant plus d'autorité
qu'elle le fait avec plus de conscience et de compétence : volonté et compétence s'engendrent
l'une l'autre, les deux étant, en bonne psychologie, mues par le même ressort, —
simultanées et adéquates. Le pouvoir du nombre a donc un contrepoids normal dans l'intelligence. Car, vouloir, c'est comprendre. M. Fouillée
appelle cela des *idées-forces*.

Par conséquent, la loi du monde démocratique
se complète, d'elle-même, par une fatale et inévitable appréciation du *mérite*, qui cause *l'autorité*
et corrige ou plutôt dirige le *nombre*.

Le système démocratique comprendra donc, avec la base fondamentale du nombre, la meilleure utilisation possible de l'aptitude. Tout régime qui néglige l'une ou l'autre de ces forces initiales est imparfait, implique souffrance, désordre, instabilité, violence. Mieux elles s'équilibrent, plus la paix publique est assurée.

Je veux en finir avec ces considérations abstraites, mais nécessaires, en constatant que la tendance de toute action étant sa propre amplification par l'accession d'autres activités et par la pérennité (*crescit eundo*), le danger des démocraties est d'être accaparées par l'une ou l'autre des deux énergies sociales, le nombre et l'aptitude et de laisser se constituer, à son détriment, la caste, par la survie du privilège ou la tyrannie par l'aveuglement ou le caprice des foules.

Le privilège n'est pas nécessairement la récompense du mérite ; il est aussi le butin de la violence.

Le nombre est le correctif contre les groupements particuliers ; mais il tombe parfois dans son propre piège. L'erreur des majorités est de prendre leur souveraineté pour une infaillibilité et leur force pour une vertu.

Nous pouvons donc admettre, comme un fait de raison et d'expérience, que si la démocratie veut vivre et prospérer, il faut d'abord qu'elle soit elle-même, c'est-à-dire non exclusive, loyale et équitable ; qu'elle tienne compte également du nombre qui est son essence et de l'aptitude qui est sa puissance.

Rien ne lui est plus préjudiciable et ne va davantage contre ses fins qu'une définition étroite, ou mesquine, ou odieuse, par laquelle l'esprit de parti l'adultère et la rétrécit pour la dominer. On dit, quelquefois, qu'elle est le peuple, quelquefois qu'elle est le prolétariat : c'est jouer sur les mots ; elle est l'ensemble des citoyens ; elle est toute la nation.

La démocratie sera d'autant plus respectable et plus durable qu'elle sera plus largement établie et plus heureusement organisée. C'est en ce sens que s'accomplit le travail moderne ; du moins, c'est en ce sens que le progrès doit être recherché. Dans le tapage des rivalités individuelles et corporatives, il faut dégager l'œuvre maîtresse de notre âge, *l'organisation de la Démocratie.*

Les vieux Partis

La République parlementaire a-t-elle bien gouverné la France? Telle est la question que se posent les générations qui, peu à peu, remplacent celles qui ont fondé le régime.

Ces générations nouvelles ne se considèrent pas comme solidaires du passé; elles pratiquent toutes les indépendances : ce n'est pas le respect qui les étouffe.

Les ouvriers de la onzième heure ne se gênent pas pour juger, blâmer, railler ceux qui ont porté le poids de la journée : ils bouleverseraient tout sans même se demander s'ils sont de taille à faire mieux.

L'ancien droit disait : « Le mort saisit le vif », et c'était la force de la tradition. On dit, aujourd'hui : « Laissez les morts enterrer les morts », et c'est la loi du perpétuel devenir. Il y a des proverbes dans tous les sens.

Voici trente-cinq ans que le régime fondé en 1875 est à l'épreuve. Il a duré, et c'est un titre. Le siècle dix-neuf, en France, avait changé de Constitution pour le moins tous les quinze ans. Progrès, en somme, d'avoir prolongé jusqu'à le doubler et plus que doubler « ce grand espace de la vie humaine ».

Cependant, l'âge critique approche. Pour les institutions politiques, le tournant dangereux est au point où coïncident la désillusion des pères et l'impatience des enfants. Les uns et les autres trouvent que les choses vont mal, les premiers parce qu'ils sont désolés de partir, et les seconds parce qu'il leur tarde d'arriver.

Quand quelques dizaines de survivants de la génération de 1870 et quelques centaines de survivants de la génération de 1889 auront vidé la place, le système sera passé à la toise des héritiers qu'il s'est donnés à lui-même. Déjà l'époque actuelle subit cet avant-goût du jugement de l'histoire : la sévérité convoiteuse du remplaçant.

Jeunes gens, soyez indulgents à vos pères : ils ont fait ce qu'ils pouvaient; la vie ne leur fut pas si douce. Ils vous ont gardé la liberté : savoir comment vous en userez vous-mêmes! Ils ont su arranger un régime nouveau avec les restes des régimes précédents; et ce n'est pas si mal d'avoir rendu supportable une si difficile fricassée.

Le système actuel est autoritaire et napoléonien par la centralisation des pouvoirs et de l'administration; il est philippiste par l'institution des deux Chambres et l'autorité de la bourgeoisie; il est démocratique par le suffrage universel et le règne de l'opinion.

Malgré une si disparate complexité, les choses ont marché; elles ont marché grâce à une certaine mise au point pratique, tenant au fait que, durant les années qui viennent de s'écouler, le chef incontestable de la France, le maître ès œuvres politiques a été cet adroit Paris.

Oui, l'Etat français a été, depuis trente ans, une sorte d'oligarchie parisienne, une métropolarchie (tant pis pour le barbarisme), tacite et consentie, sous les vocables et les apparences d'une République démocratique.

Il est bien entendu que, quand nous disons Paris, le mot n'emporte pas, dans toute son étendue, l'énorme ville qui travaille, souffre et s'ingénie pour produire, du matin au soir et du soir au matin, la flamme et le rayonnement d'où naissent la joie et le plaisir du monde : nous ne parlons ni du Paris des fabriques et des ateliers, ni du Paris des salons, ni même du Paris des boulevards, mais du Paris de l'Agora et du Forum, de celui qui vit et s'agite entre les journaux, les Chambres et les ministères — quelques hectares de terre autour de la place de la Concorde.

C'est là, en effet, que le pacte conclu à Versailles s'applique et se perpétue par une continuelle transaction entre les trois pouvoirs, qui viennent d'être énumérés : l'administration, le Parlement et la presse. Bismarck appelait cela « le gouvernement des Dix Mille ». Ces dix mille ont régné; voyons maintenant comment ils ont gouverné.

Puisque la Constitution écartait d'avance, par horreur du pouvoir personnel, la responsabilité individuelle d'un chef, ne voulant rien connaître que la responsabilité collective, il était fatal que la chose publique fût livrée à la concurrence des partis : les groupements se formèrent d'après les combinaisons et les compromissions des ambitions politiques.

C'était une façon d'ordre que celui qui venait d'une collaboration disciplinée à une ascension commune.

Pour livrer l'assaut, les anciens serraient les boucliers et formaient « la tortue » : puisque le

pouvoir devait appartenir à ceux qui sauraient se
hisser sur la plate-forme des dix mille, on se fit
bravement et méthodiquement la courte échelle
par équipes alternatives, — et voilà, précisément, ce qu'on appelle « le gouvernement des
partis ». C'est l'impérialisme des émergences
collectives.

Il faut essayer d'être clair : dans une théo-
cratie, le régime s'organise selon les lois de la
religion et du culte ; l'aptitude est à l'étiage de
la croyance ; les gens très dévots sont les gens
très capables ; l'opposition est un schisme.

Dans une monarchie militaire, c'est la valeur
avec le goût des distinctions tel que l'a défini
Montesquieu (nous dirions aujourd'hui l'amour
du galon), qui devient la pierre de touche de la
compétence gouvernementale. On prend les généraux à la tête des armées, les colonels à la tête
des régiments, et on les bombarde diplomates,
gouverneurs, juges, évêques.

Or, dans l'âge que nous traversons, c'est l'art
de grouper les forces politiques qui est la capacité gouvernementale par excellence, et ceux qui
ont le sens de ces palabres s'élèvent finalement
aux emplois et mènent le pays : ce qui explique,
entre parenthèses, l'importance de l'art oratoire
que Gambetta appelait si joliment « la dictature

de la persuasion ». Hobbes avait dit déjà, parlant du système des assemblées : « C'est le règne de quelques harangueurs. »

Trois partis, trois équipes se disputent le pouvoir depuis 1878, date d'application réelle de la présente Constitution : le parti modéré, le parti radical et le parti socialiste.

Par un entêtement — ou une fidélité — qui, peu à peu, les a éloignés de tout, les anciens « conservateurs », en refusant de se rallier à la Constitution, se sont exclus eux-mêmes de l'autorité publique; leur parti est devenu un élément de trouble et de désordre dans l'État et non, comme il eût dû l'être, un instrument de pondération et de stabilité. Ils en sont réduits à tabler sur la chance la plus incertaine et qui, si elle se présentait, serait la plus funeste, — un universel effondrement. Mais leurs fils mêmes les abandonnent : car il faut vivre. Peut-être l'avenir les retrouvera-t-il, mûris par les déceptions, la retraite, le travail, — à moins qu'ils n'achèvent leur vie inutile au hasard d'une panne ou au choc d'un court-circuit.

Les républicains modérés ont occupé le pouvoir, alternativement avec les radicaux, de 1878 à 1898, tantôt les Gambetta, les Ferry, les

Tirard, les Rouvier, les Dupuy, les Méline;
tantôt les Floquet, les Goblet, les Brisson, les
Freycinet. Mais, depuis 1898, les modérés ont
été écartés et c'est le parti radical — avec un
recrutement de plus en plus marqué vers les
extrêmes — qui occupe exclusivement la place.

Quelles que soient les divergences et les querelles qui séparent les deux groupes, ils ont un
caractère commun : ce sont deux groupes bourgeois.

Dans l'œuvre de la République bourgeoise, il
est assez facile de distinguer la part des deux
partis rivaux : le parti modéré s'étant rallié
quelques conservateurs et s'appuyant sur la robe
et la finance, a maintenu l'organisation adminis-
trative napoléonienne, il a remonté vers le
protectionnisme agricole et industriel, ména-
geant précieusement ses attaches avec la fortune
acquise et avec la propriété rurale; il s'est prêté,
sans grande initiative, au progrès économique et
à l'enrichissement du pays ; il a géré les finances
plus brillamment peut-être que solidement. Ses
trois titres de gloire sont les lois d'enseignement, la réorganisation militaire et la politique coloniale; sous ses auspices, la France a
repris sa place en Europe, sans avoir pourtant
pansé toutes ses blessures.

Au début, les modérés s'appelaient eux-mêmes *opportunistes*, c'est-à-dire qu'ils vivaient au jour la journée et gouvernaient « de cas en cas »; ils se sont baptisés *progressistes* quand ils ont commencé à s'apercevoir qu'ils n'étaient pas dans le progrès.

En somme, leur gestion eût paru suffisante si elle n'eût encouru le reproche d'immobilité. Le temps marchait et la bourgeoisie pas : on l'accusait de reculer. Fière des hautes relations qui lui assuraient l'exercice du pouvoir et la flatteuse réciprocité des politesses internationales, confortablement assise dans le fauteuil curulaire, elle ne comprenait pas que quelqu'un se plaignît quand elle était si bien : tout n'était-il pas pour le mieux dans le meilleur des mondes? Elle ne voyait pas d'inconvénients à ce que les choses fussent ainsi jusqu'à la consommation des siècles.

Le parti « radical » s'est donné ce nom parce qu'il a pour principe de refaire l'ordre social « jusqu'à la racine ».

Il n'est pas si méchant. Sur son programme figurait, au premier rang, l'anticléricalisme, puis un antimilitarisme mitigé, puis la réforme des impôts dans le sens d'une extension de l'ingérence publique dans les fortunes privées, un libéralisme économique hésitant, l'enseignement

« intégral » et, au bout, quelques vagues réformes populaires.

Qu'a-t-il réalisé? La séparation de l'Église et de l'État. La réforme financière avec l'impôt sur le revenu, après de longues discussions, a été remisée, pour de longues années peut-être. On en est, maintenant, à la loi des retraites ouvrières.

C'est tout.

En douze ans, c'est peu.

Mais il est aux prises déjà avec les difficultés financières, avec une indiscipline croissante, un désordre latent ou public qui ébranle les vieux cadres sociaux, administratifs et militaires ; sa politique étrangère reste obscure : l'entente avec l'Angleterre et l'affaire du Maroc, qui ont été les grandes pensées du règne, n'ont donné, au moment d'Algésiras, que des résultats fâcheux ; si brillante que soit sa collaboration aux Conférences de La Haye, ce n'est ni une œuvre française ni un système.

On ne peut nier, pourtant, qu'il ait maintenu l'ordre et tenu tête aux partis révolutionnaires. En somme, il a gardé sa clientèle électorale, une réelle puissance sur l'opinion et l'espèce d'influence qui tient à l'exercice prolongé du pouvoir et à la possession d'état.

6

Il s'use peut-être — puisque tout s'use — mais il n'est pas usé. Et, à moins d'événements imprévus, il restera le maître, probablement jusqu'au jour où, ayant poussé son exigence à l'extrême, et tendu ses ressorts au maximum, il sera obligé soit de céder la place, soit de choisir entre les deux politiques qui le pressent et le poussent : ou la révolution ou la contre-révolution.

Il s'intitule, dès maintenant, d'une appellation hybride : radical-socialiste. Restera-t-il radical ou deviendra-t-il socialiste?

Les Partis socialistes

A la question posée : « Le parti radical-socialiste restera t-il radical ou deviendra-t-il socialiste ? », la réponse ne s'est pas fait attendre.

Les socialistes, à Nancy, ont donné congé à
leurs amis de la veille : ils leur ont interdit la
communion sous toutes les espèces. Les radicaux
resteront radicaux, tout bonnement. Et il devait
en être ainsi, car, quelles que soient les combinaisons, les concessions, les nécessités électorales, il est un fait incontestable et qui s'est
affirmé par l'exercice du pouvoir : le parti radical
est un parti bourgeois.

Parmi ses membres, en est-il un seul qui
aiderait M. Hervé à planter le drapeau on sait où ?
Est-il un seul d'entre eux qui subirait la loi de
la Confédération du Travail ? Non.

C'est, au contraire, leur chef le plus illustre

et le plus autorisé qui a pris l'initiative des pour-
suites et des arrestations contre les membres
actifs du fameux groupement. Il est deux conceptions éminemment « bourgeoises » auxquelles
les amis du gouvernement, sous peine de renier
leur vie et leur raison d'être, resteront attachés :
la propriété individuelle et la patrie.

Le parti radical devient donc, un peu malgré
lui peut-être, mais fatalement, le défenseur
patenté de la société à laquelle il appartient :
il est la pointe de la lance — par où le fer blesse
— et il accepte, avec les joies et les honneurs,
les responsabilités et les haines.

Sa force ne s'en trouve pas diminuée, au contraire. Sa solide organisation électorale en pro-
fitera pour recevoir et encadrer des apports
nouveaux et, malgré les rancunes qu'ont amassées contre lui les premiers actes de sa gestion,
la société bourgeoise s'attachera peut-être à
cette ancre du salut. Ainsi se réaliserait le mot
déjà cité de notre parlementaire : « S'il n'y a
plus à faire que de la réaction, le parti radical
s'en charge ! »

L'excommunicateur, c'est-à-dire le parti socialiste, a-t-il gagné, par contre, à cette condamnation et à cette séparation ? Il a coupé à droite,
par crainte d'être coupé à gauche. Mais sa gauche

ne lui tiendra nul compte de ses sévérités à
droite. Il s'est diminué, dans tous les sens du
mot, par des exclusions qui n'ont amené, d'autre
part, aucune accession. Doublement battu, il se
réduit, de plus en plus, à l'état de parti sque-
lette. Les foules, qu'il n'a jamais su entraîner, à
peine se sont-elles approchées de lui qu'elles
s'éloignent.

Dans notre pays de lumière, un programme
politique ou social doit, avant tout, être clair et
être simple. Souvenez-vous de la belle page de
Ruskin sur le trait distinctif de la race si bien
nommée *franque*, — la franchise : « Tout ce que
nous reconnaissons de beauté, de délicatesse et
proportions dans les manières, le langage ou
l'architecture des Français, vient d'une pure
sincérité de leur nature. » Cette sincérité veut la
lumière : quand elle devine une ombre quelque
part, elle s'y porte, elle fonce, si j'ose dire,
jusqu'à ce que le doute se résolve en clarté, au
prix même des plus pénibles sacrifices. « Jamais
peuple ne fut si vraiment loyal. »

Or, le programme dit socialiste doit à ses origines étrangères d'être irrémédiablement composite
et obscur. Si vous voulez apprécier la différence
des deux procédés intellectuels, lisez les discours

prononcés par les socialistes français et par les
socialistes allemands au Congrès de Stuttgart.
Que les interprètes se fatiguent à traduire les
mots : ces hommes ne se comprennent pas.

N'ayant aucun parti pris d'école ni de caste,
ne demandant qu'à m'instruire en tenant compte
des faits, je crois pouvoir dire que nous n'avons
jamais obtenu, en France, une formule précise
de la pensée socialiste.

Ce serait la diminuer par un procédé permis à
la seule polémique, que de la borner au programme « collectiviste ». Le socialisme de nos
Français ne s'est, qu'exceptionnellement, restreint à cette mesure.

Ils sont peu nombreux ceux qui rêvent de la
société future sous la forme d'une sorte de
couvent où toutes les heures de l'homme, son
travail, ses bénéfices, son repos, ses plaisirs
seraient réglés à la montre des « commissions
de statistiques ».

Il y a beau jour que, même les apôtres de la
Révolution et de l'universel chambardement, se
sont insurgés contre les promesses de ce paradis
retrouvé qui ressemblerait à un enfer.

Faire, de la société, une mécanique aux ordres
de quelques fonctionnaires, seuls sacrés purs et
incorruptibles, voilà ce à quoi aucun de nos

hommes libres, dûment renseigné, n'a voulu consentir : « En agitant, devant l'imagination des
travailleurs, le spectre bourgeois, on veut les
habituer à n'être qu'une masse aveugle, incons-
ciente, recevant le mot d'ordre de certaines
têtes de colonnes; on voudrait les habituer à
n'agir que d'après une impulsion donnée par un
centre directeur, sans permettre la moindre
initiative personnelle... Nous devons combattre
de toutes nos forces une pareille dictature, cent
fois plus terrible dans ses effets que toutes celles
qui ont pu exister jusqu'à présent... » Ce n'est
pas Paul Leroy-Beaulieu qui a signé ce réquisi-
toire contre le collectivisme, c'est Jean Grave.

Sans insister, maintenant, sur les conflits pro-
fonds et lointains que ces contradictions révèlent,
il suffit, pour donner du socialisme français une
idée aussi exacte que possible, de constater
d'abord qu'il réunit tous ceux qui aspirent à
régler les conflits de la production par l'intervention dominante de l'État. Le socialisme est un
étatisme renforcé, l'État étant constitué l'arbitre
infaillible des concurrences individuelles.

Le socialisme d'État suppose donc une étroite
union entre la Politique et l'Économique, une
action constante de l'une sur l'autre.

C'est pourquoi nos socialistes parlementaires sont conséquents quand ils songent à s'emparer du pouvoir ; ceux-là sont encore conséquents qui luttent pour maintenir les patries : sans patrie, pas d'État ; et ceux-là enfin sont logiques qui, comme Jules Guesde, se déclarent les adversaires de l'internationalisme absolu.

L'internationalisme, en effet, par son extension même, disperse les forces, noie les groupes actifs dans la masse amorphe de l'humanité, détruit, en un mot, toute organisation. Or, nos socialistes, du moins nos socialistes doctrinaires, sont des organisateurs à outrance. Ils sculptent à même la chair sociale et veulent refaire le monde selon leur inspiration et leur loi, au risque de ne créer qu'un automate sans souplesse et sans vie. Ce sont des philosophes probablement, ces utopistes, en tout cas des logiciens.

Mais leur force fait leur faiblesse. Si large qu'on la suppose, une école n'est pas un parti. Des socialistes vrais, des socialistes loyaux, instruits, conscients, ayant accepté l'idée de la patrie, puisqu'ils réclament la nationalisation du travail (ce qui suppose la nation), ils sont cent mille, deux cent mille, si vous voulez : en fait, ils ne comptent pas.

Commodes à exhiber dans les Congrès, excellents rédacteurs d'ordres du jour et d'affiches, on les emploie, on les met en vedette, on les encense, on les embaume : mais on les remise. Pontifes toujours honorés et toujours battus, dès que leur système apparaît, les adeptes se défilent. Bonnets à poil de la cause, vieille garde couverte de chevrons, ils feraient, dans la déroute, le dernier carré, celui qui ne se rend pas. Mais ils ne sont pas l'armée, ils ne forment même pas les cadres.

Le socialisme français est autre chose, et voilà ce qu'il faut expliquer maintenant.

Le socialisme français s'est recruté en faisant appel à un double sentiment, naturel aux masses nombreuses et pauvres de la population : celui du mécontentement tenant à leur gêne endémique, et celui de la difficulté qu'elles éprouvent à améliorer leur sort par le gouvernement des partis.

C'est à ce point de vue qu'un des leurs, M. Hubert Lagardelle, donne, du socialisme, cette autre définition : « L'organisation de la révolte ouvrière contre une société divisée en maîtres et esclaves ».

Ajoutons que, profitant de ce mal-être et de

cette déception, les chefs parlementaires ont
engagé leurs troupes dans la plupart des batailles
politiques qui se sont livrées en ces dernières
années.

Le gain social a été à peu près nul ; mais
l'armée a pris du corps, de l'entrain, de la confiance par la lutte même, par le bruit, les chants
de victoire et finalement par le butin, c'est-à-
dire les places qui lui furent attribuées dans la
plupart des combinaisons ministérielles et dans
quelques administrations.

De là des exigences de plus en plus pressantes.
Il semblait que la principale espérance des socialistes se réalisait et qu'on touchait au pouvoir.

Mais, par l'élargissement de son action et par
ses premières et assez illusoires conquêtes, le
socialisme parlementaire, qui avait pris la tête du
mouvement, devait trouver la borne avant d'avoir
rempli sa carrière.

En présence des retards inévitables et des
obstacles presque insurmontables auxquels il se
heurtait et que « l'action directe » entend sur-
monter par la violence, un double blâme lui fut
adressé par des surveillants jaloux qui étaient
naturellement ses plus intimes amis ; les uns lui
reprochèrent de s'embourgeoiser, et les autres lui
reprochèrent de déserter, pour de vaines satis-

factions, la véritable et unique mission du parti.
la révolution économique et sociale.

Deux courants nouveaux se manifestèrent, dès
lors, dans les rangs du parti et. en le disloquant.
réduisirent le socialisme parlementaire à l'état de
minceur squelettique où il est à présent.

D'une part, une pierre retentissante fut jetée
dans son bourgeoisisme honteux ; et ce fut par
l'hervéisme.

L'hervéisme a mis tout le monde dans l'embarras ; on eût voulu le supprimer en douceur et
l'ensevelir sous les phrases fleuries ; il ne s'est
pas laissé faire. Accepté ou subi. il s'est imposé.

Or, l'hervéisme, c'est la coupure avec les radicaux, c'est la coupure avec les collectivistes, c'est
la coupure avec les groupements étrangers ;
c'est. en outre, pour plus d'un, une contradiction
avec soi-même, avec sa propre pensée ; et, enfin.
c'est la lutte avec les sentiments de l'immense
majorité du pays. L'hervéisme est bien gênant
pour la propagande et bien compromettant devant
l'histoire. Non, ce n'est pas une force.

On plaide les circonstances atténuantes : l'hervéisme est une exagération, un paradoxe de professeur, un jeu pour intimider l'adversaire. tout
au plus un coup de Jarnac dans les duels intérieurs du parti.

Fort bien! Mais voici qui n'est plus une plai-
santerie. Une autre opposition s'est levée. Le
syndicalisme a enrôlé ses recrues dans la partie
la plus jeune et la plus ardente des masses
ouvrières. La Confédération générale du Travail a
mené le train et même si on discute son autorité, on ne peut nier son action. Elle se réclame
de principes qui méritent d'être pris au sérieux
et que nous examinerons à leur tour. En tout cas,
elle nie l'autorité des maîtres acclamés. Elle
veut bien entrer dans le lit du socialisme; mais
elle a de grandes dents, « et c'est pour mieux te
manger, mon enfant! »

Ainsi, forcé de rompre avec le radicalisme,
incliné devant l'hervéisme, intimidé par le syndicalisme, notre vieux socialisme est un croquemitaine vidé qui ne fait plus peur aux bourgeois.

Il paraît de plus en plus évident que le socialisme politique, en tant que parti parlementaire,
faute de clarté, faute de logique et faute de discipline — malgré le mérite individuel de ses chefs
— est mort avant de se réaliser et que ce n'est
pas à lui non plus qu'appartient l'avenir.

Syndicats et Syndicalisme

Nous voici en présence d'un des phénomènes les plus intéressants de l'histoire moderne, l'apparition récente de certains organismes sociaux, imposés par la force des faits, mal définis, il est vrai, et se connaissant mal eux-mêmes, incertains encore sur leur modalité d'existence et sur les conditions de leur progrès, destinés, peut-être, à échouer dans une confusion anarchique, appelés plus probablement à couvrir le monde des mailles serrées de leur immense réseau, en tout cas conformes au mouvement des idées, sanctionnés par la loi, pleins de confiance en l'avenir : il s'agit de la multiplication soudaine des associations professionnelles — des syndicats.

L'ancien régime avait connu les corporations, maîtrises et jurandes. Turgot, préludant à l'œu-

vre de la Révolution, les avait abolies au nom de
principes qu'il n'est pas inutile de rappeler :
« Dieu, disait-il, dans le préambule de l'édit
de 1776, en donnant à l'homme le besoin, en lui
rendant nécessaire la ressource du travail, a fait,
du droit de travailler, la propriété de tous, et la
première, la plus sacrée, la plus imprescriptible
de toutes. » Faites attention : cette phrase con-
tient la formule tant vantée du *droit au travail* ;
le principe qu'elle proclame, c'est la liberté
naturelle à l'homme d'employer comme il l'entend la faculté et le besoin qu'il a de se livrer
au labeur. La fameuse loi Chapelier a con-
firmé, en 1791, le principe proclamé par Turgot.

En abolissant les corporations professionnelles, les lois révolutionnaires, logiques avec
elles-mêmes, poursuivaient, partout où elles les
rencontraient, l'oligarchie, le privilège. Pas de
groupements dans la société politique, pas
d'États dans l'État. L'individu libre dans l'État
libéré, tel était l'idéal des premiers élèves de
Jean-Jacques. Ils ne s'apercevaient pas qu'en
brisant les organismes particuliers et en abolissant les « corps intermédiaires », ils faisaient
de la nation une poussière d'individus soumise
passivement au despotisme de l'État. La centralisation napoléonienne était en germe dans les

actes de la Constituante et de la Législative.

Or, il arriva ceci que, tandis que l'État, l'administration, la bourgeoisie industrielle se prêtaient la main pour maintenir un régime si favorable à leurs idées de domination ou d'enrichissement, les faits, plus forts que les lois, reprenaient, par-dessous, le travail de reconstruction des associations professionnelles et que, malgré les exigences du Code pénal et les tracas de la police, les groupements se multipliaient. Après la révolution de 1848, ce fut une véritable fièvre. Malgré la Commune, le mouvement s'accentua, et, à partir de 1880, il était si fort qu'il devint irrésistible.

Tout le monde se syndiquait : il fallut bien régulariser les syndicats. On abrogea les lois les interdisant et on vota une loi les autorisant : c'est la loi de 1884. Cette loi les définit dans son article 3 : « les syndicats professionnels ont exclusivement pour objet l'étude et la défense des intérêts économiques, industriels, commerciaux et agricoles... » C'est vague ; mais le caractère essentiel du groupement, c'est-à-dire le caractère économique, est nettement affirmé. L'article 5 de la même loi autorise l'*union* entre les syndicats. Et c'est en raison de ces deux textes, réalisant, en quelque sorte, l'expérience d'un siècle, que s'accomplit l'étonnante transformation en train de se produire dans les molécules intimes de la société.

Il est très remarquable que ce progrès, dissimulé d'abord sous les noms divers de *compagnonnages*, de *mutualités*, de *coopérations*, etc., fut concomitant à l'apparition du socialisme théorique et que les deux forces se développèrent parallèlement sans se confondre, comme s'il y avait répulsion instinctive entre les deux tendances.

Le socialisme, à quelque école qu'il se rattache, est, à l'égard de la société moderne, une force destructive; il n'aspire qu'à un bouleversement complet; son grand ennemi, c'est la propriété.

Tandis que l'organisation syndicale peut être considérée comme acceptant la société, puisqu'elle marchande avec elle et désire simplement tirer d'elle le plus de bénéfices possible.

L'essence du socialisme, c'est l'expropriation; la raison d'être du syndicat, quoi qu'il dise et qu'il fasse, c'est la discussion.

Il passera de l'eau sous les ponts avant que le parti révolutionnaire ait organisé et fait réussir sa fameuse *grève générale*; et, par contre, l'action lente et pied à pied des syndicats a déjà amélioré pratiquement les conditions d'existence des travailleurs qu'il enrôle et qu'il défend.

Il faut noter encore un fait non moins remarquable, à savoir que les syndicats et le syndicalisme ont grandi de toutes les faillites du socialisme. En France, notamment, quand le socialisme impatient du pouvoir et suivant son caractère catégoriquement politique, est entré dans les combinaisons parlementaires, le syndicalisme s'est affirmé contraire à cette tendance. Il dénonçait les théoriciens en paletots, remarquables par l'élégance de leur tenue, et opposait les mains calleuses aux mains blanches.

Telle fut la pensée qui présida à l'organisation de la Confédération du Travail; tels sont les principes professés dans ses statuts. Théoriquement du moins, les groupements professionnels se constituent pour des résultats non idéaux et lointains, mais immédiats et corporatifs, ou, comme ils disent, matérialistes.

Aussi le syndicalisme prétendit, tout d'abord, échapper au groupement des partis et devenir une force sociale extérieure aux contingences parlementaires. Il y eut comme un acte de castration volontaire, de la part de ses chefs, à l'égard des œuvres électorales. Un des leurs écrit : « Ils incitaient leurs adhérents à ne pas voter; ils répudiaient toute action politique comme honteuse

7

Sans insister sur les divergences très nombreuses et très importantes qui distinguent et
parfois opposent les différentes espèces de groupements professionnels, il convient de rappeler
que les statistiques du parti évaluaient, en 1907,
le nombre des syndiqués de l'industrie et du
commerce, dans le monde entier, à environ
huit millions, dont 720.000 Français, 2.000.000
Anglais, 2.500.000 Américains, 1.500.000 Allemands.

Ces groupements disposent de ressources
importantes qui permettent de soutenir des campagnes de grèves comme celles du Nord en 1906,
celles d'Anvers, celles des électriciens, des typographes, etc. En outre, ces organismes deviennent
de plus en plus internationaux. Des tentatives
très précises de rapprochement, de groupement
ont été faites entre les mineurs anglais et les
mineurs allemands. On cherche la formule qui
permettra de donner un caractère légal à cette
coalition de gens d'un même métier par-dessus
les frontières.

N'exagérons rien pourtant. Tandis que les chefs
font un habile étalage de ces chiffres imposants,
ils ne peuvent nier, d'autre part, qu'ils ont
affaire, le plus souvent, à des armées de cadres.
Le groupement professionnel à caractère modéré,

comme les *Trades Unions* en Angleterre, s'est développé, il est vrai, et a réussi; mais les dernières évolutions sont en train de transformer son caractère.

Le type français du syndicat ouvrier, moins pondéré, plus irascible et plus soumis à certaines influences politiques, est fort loin d'avoir obtenu de pareils succès. M. Bureau, qui envisage avec sympathie le développement des syndicats, le constate : « Les ouvriers décorent aujourd'hui du nom de syndicats de simples coalitions éphémères et instables qui relèvent uniquement de la loi de 1864 sur le droit de grève et qui ne ressemblent en rien aux associations permanentes et régulièrement administrées que devrait seules désigner le mot de *syndicat*. »

Quoi qu'il en soit, et en faisant la part des lenteurs de l'histoire et de la tardivité des choses humaines, il semble bien que la démocratie évolue, partout à la fois, vers une nouvelle organisation qui l'agite et la tourmente profondément. Cette organisation prendrait pour axe de sa formation future, non plus la richesse acquise, mais la richesse en voie d'acquisition, c'est-à-dire le travail.

Il se ferait ainsi une sorte de lente exhérédation du passé au profit du présent et une trans-

fusion du labeur accumulé au profit du labeur en exercice.

Quelle est la préoccupation dominante de la démocratie? Son travail. Elle se groupera donc autour des œuvres du travail : sa loi future serait la coordination, l'utilisation et l'appréciation de l'aptitude au travail. L'organisation du travail devient sa préoccupation magistrale. Or, qui dit organisation dit association et groupement.

Mais, aussi, il devient évident que si cette nouvelle organisation n'admet aucun privilège en faveur du non-travailleur, par contre, elle ne doit exclure aucun travailleur.

Elle ne se subordonnera nullement à la domination d'une classe, cette classe fût-elle nombreuse, ardente et exigeante. Aucune partie quelconque de la nation ne peut revendiquer comme un privilège le droit au syndicalisme; les mœurs et la loi qu'elle invoque sont invoquées également par toute une autre partie de la population non moin. illante, non moins intéressante et non moins disposée à réclamer ces avantages immédiats pour lesquels le champ de la concurrence est ouvert.

Je ne parle pas des syndicats de patrons, des syndicats jaunes, des syndicats et groupements qui obéissent à des considérations confession-

nelles en même temps qu'à des considérations
professionnelles, — de ces organismes hybrides
à la façon du *Sillon*, dont l'accroissement mérite
bien aussi qu'on y prenne garde; — je ne parle pas
de ces syndicats agricoles qui enrôlent la plus
grande partie de nos propriétaires ruraux, mais
des mille autres combinaisons que l'exemple fait
naître ou fera naître et qui diviseront la population ouvrière elle-même par le conflit des vues,
des intérêts, des ambitions.

Il y a l'antagonisme des patrons, il y aura
l'antagonisme des métiers. La concurrence sera
déplacée, mais elle subsistera. La main-d'œuvre
a ses dissentiments intérieurs et extérieurs. Tel
qui fait la chasse au patron français exclut
l'ouvrier belge, tout en se réclamant de l'internationalisme... Les choses ne sont pas si simples!

Il n'en faut pas moins prendre en grande
considération, attention et respect cette force
récemment apparue. La plus grande de toutes
les imprudences et le plus sombre des aveugle-
ments seraient de la traiter par le mépris.

Elle existe, elle peut devenir un principe
d'ordre; en tout cas, il faut compter avec elle.
Ce qu'il est permis de pronostiquer, dès maintenant, c'est que, non seulement l'organisation
sociale, mais l'organisme politique seront modifiés

par cette crise intense que subit la société. On
discutera longtemps encore sur l'alliance du syndicalisme et des partis : mais le gouvernement
des partis est atteint dans ses œuvres vives par
la retraite des syndicats, sinon du syndicalisme
sur le mont Aventin du travail. Si une alliance
nouvelle se fait entre les deux régimes, elle aura
un aspect bien différent de ce que nous connaissons aujourd'hui. Ce ne seront plus les *partis*,
mais les *métiers*, qui deviendront les maîtres de
la chose publique.

Un prototype de ce système, éminemment
démocratique, a déjà vécu et prospéré en Europe
même. J'essaierai d'en faire connaître les traits
principaux, avant de chercher comment pourra se
faire l'adaptation du même principe à la société
actuelle évoluant, pacifiquement, vers ses prochaines destinées.

La République professionnelle

L'autorité des précédents n'est pas chose tout
à fait négligeable. L'histoire ne se répète pas,
c'est entendu, mais l'esprit humain reste pareil
à lui-même et il n'est pas extraordinaire que certains peuples modernes ayant eu, une fois déjà,
à s'organiser, en tant que démocraties laborieuses, aient suivi des voies analogues à celles
vers lesquelles notre démocratie paraît se porter
aujourd'hui. Comparaison n'est pas raison, mais
exemple est parfois lumière.

Au Moyen Age, Florence fut une république
professionnelle. Les groupements, que l'on appelait alors les *arts* et que nous appellerions aujour-
d'hui les *métiers*, y régnèrent, et leur règne coïn-
cida avec une prodigieuse éclosion d'œuvres et
une épouvantable explosion de discordes. La
république du travail fut un champ fécond,
arrosé par du sang.

Il serait très facile de suivre, dans les annales lointaines de Florence, une série de révolutions dont on retrouve les analogues dans notre propre histoire : l'aristocratie fut chassée par la bourgeoisie; les hauts bourgeois furent refoulés par la petite bourgeoisie, et la bourgeoisie, à son tour, fut débordée par les artisans, qui restèrent, pendant un assez long temps, maîtres de la place. Le tout finit, après un épuisement général, par l'avènement du « bon tyran ».

Ces drames émouvants inspirèrent, comme on sait, l'œuvre du Dante, les récits de Machiavel et de Guichardin, âmes et esprits supérieurs, acteurs et témoins des grandeurs et des servitudes de leur admirable patrie.

Ce que je veux en retenir aujourd'hui, c'est que l'organisation professionnelle fut, à Florence, après de longues dissensions politiques, le refuge de la République.

Les sept *arts majeurs*, d'abord, l'art de la laine, l'art de la soie, les marchands de drap, les changeurs, les médecins et les hommes de loi, chacun avec les professions annexes; puis les quatorze *arts mineurs* c'est-à-dire les cordonniers, les fripiers, les forgerons, les charcutiers, les bouchers, les cabaretiers, les hôteliers, les bourreliers, les tanneurs, les fabricants d'armes, les serruriers et forgerons, les maçons et charpentiers, les menuisiers, les boulangers; enfin les prolétaires, artisans ou *ciompi* (les compères) enrôlèrent tout le monde, de telle sorte qu'il n'y avait plus aucune place dans la ville pour les hommes qui n'étaient pas inscrits sur les registres du travail.

Imaginez une diffusion de nos « syndicats » telle que l'on ne puisse plus être citoyen à moins d'appartenir à l'un de ces groupements. Les nobles, les propriétaires, les capitalistes y passaient, bon gré, mal gré. Le Dante était inscrit sur la liste des apothicaires. Tout ce qui ne faisait pas partie des *arts* était proscrit et mangeait « le pain amer de l'étranger ».

Cet amour de la réglementation professionnelle était tel qu'on avait fini par constituer une classe à part avec les aveugles, les mendiants, les vagabonds, les voleurs; et le réserviste français qui s'inscrivait, parait-il, sur les rôles matricules sous le qualificatif : « apache », eût eu sa place marquée dans les catégories florentines.

Les droits civiques, le service militaire, le rôle des impôts, les décisions nationales ou municipales, tout se subordonnait à cette discipline; c'était par les syndics des métiers que s'administraient les infinis conseils votant sur les intérêts généraux et qu'étaient convoquées ces assemblées populaires dont les délibérations tumultueuses et armées décidèrent, plus d'une fois, du sort de la République.

Certains traits de cette constitution méritent encore d'être signalés. Les corporations avaient un ordre intérieur établi selon les besoins et les coutumes des professions et qui enserrait chacun de leurs membres dans un réseau de prescriptions et d'exigences tel qu'elles eussent paru insupportables si elles n'eussent été acceptées par tradition ou par choix.

Une inquisition sévère — quelque chose d'analogue à ce que les *trades unions*. en Angleterre, ont repris sous le nom de *picketing* — dénonçait les moindres infractions au contrat du travail. Au sein de chaque corporation, même parmi les plus humbles, *minutissimi*, une tendance invincible se manifestait toujours vers une renaissance de l'aristocratie; les associations particulières pouvant concurrencer les groupements reconnus étaient interdites; un régime protectionniste à outrance fermait les portes de la République au commerce étranger et elle dut recourir, presque continuellement, aux armes pour maintenir, à l'égard des villes rivales, l'exigence de ses métiers : tel le travailleur américain risquant

un grave conflit pour parer au « péril jaune ». Le
résultat de cette rigoureuse discipline économique fut, à la fois, un trafic extrêmement rému-
nérateur, mais aussi un renchérissement général
de la vie pour tous les citoyens.

L'effacement des *partis* devant les *métiers* était,
en somme, la caractéristique dominante du système : il est remarquable, toutefois, que les
organisations politiques n'abdiquèrent jamais
complètement. Au-dessus des intérêts et des traditions économiques, il restait une tâche plus
haute à laquelle l'organisation professionnelle ne
put jamais suffire complètement, et le parti
démocratique proprement dit, le *parte guelfa*,
resta, pendant des siècles, le pouvoir politique
adjuvant des arts et métiers.

Sa survivance plane sur les annales de Florence. On recourait à lui dans les temps de crise,
comme si l'un de nos groupements politiques,
après être resté longtemps aux affaires, était
gardé en réserve, à titre de ressource suprême, au
lendemain d'une révolution sociale dont il aurait,
d'ailleurs, facilité l'avènement.

L'historien de Florence résume, en quelques
lignes, son appréciation sur cette constitution
singulière, si réaliste, si complexe et si foncière-
ment démocratique : « D'autant plus remar-

quable est ce phénomène historique (le succès
des institutions populaires professionnelles) que,
du côté des Blancs et des Gibelins, se trouvaient
le talent et l'honnêteté... Pour lutter contre tant
de vertus, de talent, de génie individuel, il ne
fallait pas moins que le génie collectif qui s'in-
carne dans un peuple... Rien n'est plus surpre-
nant que ces vues larges chez un peuple de cent
mille âmes, que cette suite dans les idées des
magistrats élus pour deux mois. Instruments de
la volonté générale, ils ne se décourageaient pas
de concevoir ce que d'autres exécutaient, et ils
exécutaient avec une docilité patriotique ce que
d'autres avaient conçu. »

Ce serait grandement exagérer que d'insister
sur certaines analogies qui méritaient seulement
d'être signalées : il est permis de conclure toutefois qu'une ingérence de la « profession » dans
la constitution politique des pays libres n'est
chose ni nouvelle, ni impossible, ni absurde, et
que l'évolution moderne de la démocratie n'est
peut-être pas tout à fait aussi originale qu'elle le
paraît. L'organisation syndicale, en tout cas,
trouve dans l'histoire de toute l'Italie au Moyen
Age, des antécédents qui permettent de deviner
la marche probable de sa future évolution.

Quelle que soit la civilisation où il se développe, le syndicat ou corporation professionnelle rassemble les membres dispersés du « métier » et les unit pour la lutte vitale. Les individus isolés subissent la dureté des lois économiques, soit concurrence, soit dépréciation du salaire, soit abaissement de la dignité humaine. L'association, au contraire, donne au travailleur le sentiment de sa force, en utilisant la solidarité de ses intérêts avec ceux qui se joignent à lui. Le syndicat peut grouper des adhérents d'origines très différentes, même les patrons et les ouvriers, même les nationaux de diverses puissances, même des travailleurs employés à des tâches différentes, mais dont les aspirations sont communes par quelque point.

Dans le rôle où il s'essaye particulièrement à l'heure actuelle, le syndicat se consacre, il est vrai, à une tâche toute spéciale ; il tend à devenir l'instrument pratique de l'amélioration matérielle et morale pour les masses ouvrières. L'organisation syndicale apparaît, ainsi, comme un socialisme immédiat et efficace. Il faut l'envisager surtout à ce point de vue.

L'œuvre spéciale du syndicalisme pratique. — celui qui s'est répandu en Angleterre, aux États-Unis, en Australie, qui tend à se développer en

Allemagne, en Belgique, en France, en Italie, —
c'est d'amener l'employeur à débattre avec le
salarié, non plus isolé, mais groupé, les conditions du travail. Les avantages de ce débat sau-
tent aux yeux : il cherche à établir un juste équilibre dans la répartition des bénéfices attribués
au capital et au travail ; il tend à remplacer les
procédés violents par la discussion ; appliqué
loyalement et méthodiquement il peut devenir
une cause d'apaisement dans la cité. Même il
peut devenir un moyen extrêmement souple de
progrès et d'enrichissement pour les industries
qui sauraient y recourir sans arrière-pensée.

Les défenseurs de l'organisation syndicale affirment que le travail est une marchandise comme
une autre, dont le syndicat tient boutique et dont
il règle le débit au mieux des intérêts du groupement et au mieux des intérêts généraux. Il y a vente
et livraison du travail comme de toute autre
denrée qu'une association quelconque fournirait
à sa clientèle.

Ce n'est pas tout à fait cela. Dans le contrat
collectif de travail, tel qu'il tend à se multiplier,
il n'y a pas *vente* de travail parce qu'il n'y a pas
aliénation absolue ; il y aurait, plutôt, location de
force avec une quasi-association entre les deux

parties : car celui qui livre son travail a, au fond, le même intérêt que celui qui l'utilise. Leurs dissentiments ne sont que passagers, comme ceux du propriétaire et du métayer, et l'on entrevoit, dès maintenant, l'époque où le *contrat collectif de travail* sera débattu par les deux parties selon l'appréciation loyale du profit légitime qu'elles peuvent, toutes deux, en retirer.

Ce procédé n'est pas inconnu, tant s'en faut. Il se généralise, à l'heure présente, dans les industries où il est le plus facile à adopter : c'est le travail « en marchandage » préconisé par M. Yves Guyot, le patron s'entendant avec les ouvriers sur les commandes qu'il peut accepter, étant données les conditions de salaire et de travail qu'ils croient devoir lui faire. Que cette habitude de collaboration débattue se généralise, que les tarifs du travail se constituent comme ils se sont constitués déjà dans nombre de professions, en un mot, — selon la formule déjà employée en Angleterre, — que *l'effort-étalon soit tarifé à un salaire-étalon*, et de l'accord naîtra la paix, de la paix le profit commun.

Alors, le syndicat sera véritablement professionnel, parce qu'il combinera tous les intérêts de la profession.

Une sorte de syndicalisme généralisé deviendrait la forme de la constitution économique, et les deux adversaires actuels — employeurs et employés — seraient réconciliés dans une conception plus haute et plus claire de leur solidarité réelle.

Mais si cet apaisement est désirable, si cette organisation de la république professionnelle peut devenir la loi de la société future, il ne faut pas se le dissimuler, elle rencontrera, dès ses origines, des difficultés sans nombre qui peuvent la faire échouer dans l'impuissance ou dans l'anarchie.

Ces difficultés viennent d'abord de ses adversaires, soit de bonne foi, soit aveugles ; elles viennent de l'insuffisante préparation des ouvriers, qui abandonnent, trop souvent, leurs causes aux ambitions bavardes des « syndiqués de combat »; elles viennent des rapports avec les consommateurs, et enfin des rapports avec l'État. C'est à la solution de ces problèmes, nettement posés et délimités, qu'une bourgeoisie plus éclairée et plus bienveillante pourrait s'employer utilement.

Le Patronat

La première difficulté que rencontre la revendication syndicale, c'est l'opposition de l'employeur, celui que l'on appelait, jadis, « le patron » : « Le patron, c'est l'ennemi », disait-on ; mais le patron répondait : « Je suis le maître ! »

Ni « ennemi », ni « maître » ; le patron est un organisateur du travail, voilà tout. C'est un homme qui a le sens de mobiliser les idées, les choses et les hommes de façon à faire naître, par leur groupement et leur collaboration, un profit pour lui et pour les autres. Le patron est plus encore : c'est un audacieux. Il a une telle confiance en son jugement, son activité et son savoir-faire, qu'il joue sa fortune, son honneur et sa vie sur cette carte : ce qui le caractérise, c'est *qu'il accepte le risque*.

Mettons les points sur les i. Un ouvrier est

embauché pour un ouvrage. Il arrive, se met
à l'établi ou au métier. Il fait la besogne pres-
crite, tranquillement, sans s'occuper du tiers ni
du quart. Pourvu que sa lime lime, que son rabot
rabote ou que son fil file, c'est tout. Il ne se
demande ni d'où cela vient, ni où cela va. A la fin
de la semaine, il touche son salaire, et il sort de
l'atelier, sa monnaie dans la poche, content, le
cœur à l'aise, débarrassé de tout souci.

Voilà ce qu'est le salaire, voilà ce qui fait son
attrait et d'où vient qu'il y aura toujours des
salariés, parce qu'il y a une séduction singulière
pour nombre d'humains ou, si vous voulez, une
adaptation remarquable à leur nature, dans cette
offre qui leur est faite : le pain et pas de responsabilité.

Tandis que le patron, c'est à l'heure où les
grandes salles sont vides d'hommes et de bruit
que sa peine commence. Il veille quand tout dort :
il suppute.

Et il n'a cessé de supputer, de calculer, de se
ronger les ongles et de se manger les sangs,
comme on dit, depuis le jour où l'idée lui est
venue de se lancer dans l'opération dont le succès dépend, non pas de lui seulement, mais de
tous et de tout. Il s'est mis en mouvement ; il a
frappé aux portes, engagé ses frères, ses parents,

ses amis; il a ému le capital endurci et forcé les
rebelles confiances. Il a vu s'élever, enfin, la
vaste usine où tant de forces, qui s'ignoraient la
veille, sont, par sa volonté et sous son œil, ras-
semblées.

Il a conçu d'abord, créé ensuite. Et, maintenant, réussira-t-il? Ce qu'il regarde, la nuit,
dans le « grand livre », dont il feuillette les pages
encore blanches, ce qu'il entrevoit, c'est la difficulté du succès, l'instabilité des marchés, l'exigence de la main-d'œuvre, l'ingéniosité auda-
cieuse de la concurrence, la complexité de tout
ce qu'il devine et l'épouvante de tout ce qu'il ne
peut même pas deviner. Pendant des années, il
vivra dans cette espèce de cauchemar lucide dont
l'habitude seule émousse les terreurs, comme le
chef de gare écoute, dans la nuit, même en dormant, les trains qui passent, sans pouvoir dételer
sa responsabilité qui les accompagne et roule
avec eux.

Le patron a donc cette qualité par excellence,
cette qualité exceptionnelle, qui le rend indispensable, et qui fait sa force, son orgueil : l'Initiative. Les Belges, parait-il, ont élevé, récemment, une statue à cette déesse des temps
modernes. Si le fait est exact, les Belges ont
sacré l'esprit-patron.

Dans le contrat qui lie le patron à l'ouvrier, contrat que résume cette clause : « Je prends le risque et le bénéfice ; pour ton travail, je t'assure ton pain », dans ce contrat, chacune des parties a fait montre des qualités et des défauts qui les caractérisent essentiellement : l'un prévoyance et témérité, l'autre endurance et flegme.

Que le premier réclame sa récompense : rien de plus naturel. Il sait bien, il sait trop que la société ne pourra pas se passer de lui. Supposez un *lock out* général des activités : qui serait le plus embarrassé ? les passivités.

Et il y a, ici, une différence capitale à signaler entre la future « révolution », dont parlent nos violents et celle dont ils citent sans cesse le précédent : la Révolution de 1789. Celle-ci, disent-ils, a dépossédé la noblesse ; nous dépossédons le patronat.

Pas si facile, et voici pourquoi : la noblesse était, par essence, héréditaire. Elle existait par la continuité, c'était une chaîne qu'on pouvait rompre d'une simple cassure ; tandis que le patronat est, par essence, individuel et circonstanciel. Il naît, meurt et renaît avec l'aptitude.

Il vous plaît de voir le patronat sous la forme d'une bastille artificielle et odieuse qu'un tour

de main démolira. La comparaison cloche : c'est
une poussée naturelle qui lève et grandit au
hasard de la semence humaine. Le patron de
demain, c'est celui qui sent germer en lui « l'idée » ;
c'est l'apprenti qui plisse déjà son front pâle ; c'est
votre fils qui prend en dédain le bourgeron et
qui se met aux études ; c'est le « bon zigue » qui
jauge votre quotient de labeur en vidant avec
vous un canon chez le marchand de vins. Cette
plante, vous ne pourrez pas la détruire : elle
repousse. Il y aura toujours un actif qui secouera
les passifs, réveillera les endormis et s'excitera
à souffler sur le feu.

Exalté par la conscience de son « indispensa-
bilité », l'organisateur de travail a longtemps
considéré le reste des humains comme un troupeau. Mais, peu à peu, les choses se sont modifiées. C'est lui-même qui, en rassemblant les
hommes, leur a fait connaître leur force. La
grande industrie, qui a mobilisé les bras a, tout
ensemble, mobilisé les têtes, — les « mauvaises
têtes », comme il disait.

Entraînée par son propre progrès, elle a attelé
l'homme aux machines, — et il a compris qu'il
n'était pas une machine. En usant et abusant de
sa faculté maîtresse, la prévoyance, elle a rendu
plus sensibles à ses collaborateurs leur défaut

inverse, l'imprévoyance. En amassant ces richesses illimitées et absurdes, telles qu'elles existent
en Amérique, et, à un moindre degré, en Europe,
elle a prouvé l'erreur d'un système qui élève la
fortune monstre sur l'infortune monstrueuse.
Alors, s'est levée, dans les cœurs loyaux, la
revendication de la Justice.

Le patronat avait-il rempli tous ses devoirs,
lorsqu'il avait dit, le samedi, à l'ouvrier : « Voilà
ton pain, tu es payé » ? Le contrat était-il équitable, et si le progrès des choses facilitait, de
plus en plus, la lutte de l'homme contre la nature,
était-il juste qu'une seule des parties collabo-
rantes en profitât ?

Le chef risque : c'est entendu. Mais il risque
d'autant moins que ses moyens de production et
de réalisation se sont stabilisés et perfectionnés.
Le bateau qui lui apportait, il y a cinquante ans,
ses cotons d'Amérique, traînait des mois sur la
mer, exposé aux coups de vent et aux tempêtes !
La vapeur a raccourci le voyage et atténué le
risque : sera-t-il seul à en bénéficier ? La nouvelle qui devait lui annoncer, par l'état de la
récolte, les conditions prochaines du marché,
mettait des semaines à lui parvenir ; elle traverse
le monde avec la rapidité de l'éclair. Moindre
risque : sera-t-il seul à en profiter ? L'ouverture

de nouveaux marchés par la prévoyance des
hommes d'État, l'énergie des explorateurs, le
courage de ces fils du peuple, les soldats, élar-
git, sans cesse, le champ de son trafic. Moindre
risque : sera-t-il seul à en profiter? Le machi-
nisme lui-même diminue sans cesse ses frais par
des perfectionnements d'outillage qui, pour la plupart, ne sont pas l'œuvre du patron : sera-t-il
seul à en profiter?

A-t-il intérêt à expulser de ce progrès constant
et universel ceux qui sont ses compagnons de
route, qui le voient grandir sous leurs yeux et
qui entendent les bénéfices sonnants tomber dans
sa caisse? Il est prévoyant, dites-vous; il est né
chef. Mais la vraie prévoyance ne consiste-t-elle
pas à parer aux dangers menaçants, à éteindre
le feu quand il couve, à supprimer la racine
avant qu'elle ait ébranlé la maison? La vraie
qualité du chef n'est-elle pas d'assurer le bien-
être, l'hygiène et la santé de tous les combat-
tants? Il ne s'agit ni de charité, ni de générosité
(quoique cette flamme ne nuise pas); il s'agit de
bon calcul et de raisonnement droit.

L'exemple de ce qu'on peut faire, de ce qu'on
doit faire, est donné depuis longtemps, par l'employeur principal — l'État — à l'égard de ses

employés, et c'est ce qui explique, par parenthèses, l'afflux prodigieux qui porte le Français vers les emplois publics.

Voyez plutôt : l'employeur-État offre, d'abord, comme tous les employeurs du monde, à ses employés, le salaire. Mais, ici, le salaire est mensuel; la somme, moins forte peut-être, fait masse en une fois : cela vous a déjà meilleur air. Donc, l'employé d'État est, comme l'ouvrier d'industrie, débarrassé de la responsabilité-direction. Son mois terminé, il touche, et ça y est; à son chef de se débrouiller.

Ce n'est pas tout. L'État, par une combinaison connue et qui est la grande séduction du système, assure à l'employé la retraite. Pourtant, cet employé n'est pas plus intéressant que son camarade de l'usine. Abandonné à lui-même, il ne serait peut-être pas plus prévoyant. On est donc prévoyant pour lui. Il le sait; il accourt, il s'offre. Et il y en a toujours. C'est une marée montante.

Il y a plus encore. L'État-employeur accorde au travailleur stable qu'il apprécie, parce que cette stabilité est une garantie d'expérience et de bon travail, il lui accorde un autre avantage non moins remarquable : c'est l'avancement à l'ancienneté. Le vieux rond-de-cuir, fût-il

d'une qualité médiocre, sait que, sans bouger,
par sa simple assiduité, il s'élargira, se gonflera
jusqu'à devenir rond-de-cuir principal, rond-de-
cuirsous-chef, rond-de-cuirchef. L'État-employeur
récompense ses humbles services. Il ne dédaigne pas l'employé ou l'ouvrier vieilli et pauvre :
il le ménage, l'encourage, le protège. Il sait
que, par les vieux, les jeunes sont contenus et
que, par l'ancêtre, les familles s'attachent et font
souche.

Voilà le progrès réel, tangible, pratique, dans
les relations d'employeur à employé, que l'État a
réalisé sous nos yeux, qui tend à se répandre
dans l'industrie elle-même et qu'on peut généraliser. D'autres viendront. Une révolution est-elle
nécessaire pour achever cette évolution? Elle
l'arrêterait plutôt. Car, à mesurer les forces
adverses, on ne saurait dire où serait la victoire :
c'est ce que nous verrons bientôt.

Un monde nouveau plus libéral, plus éclairé,
plus équitable se lève. Les fils aperçoivent des
lumières ignorées de leurs pères. La dure exigence des anciens temps a fait son temps. L'idée
démocratique se répand et gagne l'étale. S'il n'y
avait pas d'autres obstacles à l'amélioration du
sort matériel et moral des travailleurs que ceux
qui viennent du patronat, le patronat est désor-

mais trop averti, trop sage, trop prudent pour
s'obstiner : ses horizons s'élargissent au fur et
à mesure que son niveau monte.

L'objection qui allègue la concurrence étrangère s'affaiblit chaque jour, puisque l'industrie
rencontre partout des difficultés analogues et que
le taux de la réclamation universelle, si j'ose
dire, tend à s'égaliser.

Partout, les vieilles méthodes sont abandon-
nées comme les vieux outils, parce qu'elles ne
payent pas. Quand il s'agit du matériel, le pire
des sabotages, c'est de vouloir travailler avec des
« sabots »; quand il s'agit du personnel, le meilleur calcul, c'est encore d'appuyer la prospérité
et l'honneur de la maison sur le bien-être et la
satisfaction de tous les travailleurs.

Les petits Patrons

———

Au fur et à mesure que ces morceaux ont paru, ils ont soulevé des objections et des critiques, émanant soit d'ouvriers, soit de patrons. Toutes méritent la plus grande attention. Qui peut mieux parler des choses que ceux qui les « vivent »?

En ces matières, c'est un premier résultat que de provoquer la discussion. Quoi qu'on en dise, dans certaines écoles, il n'existe pas une formule unique à l'aide de laquelle on résoudra toutes les difficultés sociales, pas plus qu'il n'existe un remède universel guérissant toutes les maladies. Le travail par lequel la société se transforme se fait lentement et par cas particuliers : adaptation et évolution, c'est la loi de la nature et c'est aussi la loi de la civilisation.

Les coups de force — comme les cataclysmes

— sont toujours à craindre : inévitablement,
la réaction est égale à l'action. Donc, il faut
s'éclairer, s'instruire les uns les autres, mettre,
le plus possible, la vérité devant le public pour
que l'esprit et le cœur fassent leur choix. Le
mieux se dégagera de cette perpétuelle mise au
point.

Il en est qui me trouvent trop optimiste, trop
confiant : « Si vous aviez vécu avec les ouvriers,
objecte-t-on, si, seulement, vous preniez un train
du matin et un train du soir qui les amène et les
ramène du domicile à l'atelier et réciproque-
ment; si vous les entendiez parler à cœur ouvert
de leurs affaires, vous ne seriez pas si rassuré. »

Mais d'autres, en sens inverse : « Il n'y a rien
à faire avec les patrons; leurs promesses ne sont
que des paroles; ils ne voient que leur intérêt.
Ah! si vous les connaissiez! »

Personne, évidemment, ne sait la matière et
les gens comme ceux qui sont, comme on dit,
« de la partie ». Par contre, ceux-là sont-ils
toujours équitables? Ne sont-ils pas aveuglés,
trop souvent, par l'extrême proximité des choses ;
les arbres ne les empêchent-ils pas de voir la
forêt? N'ont-ils pas, dans leurs souffrances trop
réelles, une raison trop plausible de s'exagérer
leurs défauts réciproques?

Il faut tenir compte, aussi, de l'esprit de
dénigrement, si naturel aux Français. Ah! le
vice national n'est pas l'indulgence. On se plaint,
on crie, on blâme. C'est, toujours, « la faute des
autres... » « Il n'y a rien à faire... » Les mots
partent avant la pensée, avant la réflexion. Et
que d'irréparables blessures!

Les études du genre de celle que j'ai entreprise sont naturellement obligées de s'attacher
aux ensembles; par conséquent, elles tendent
à s'éloigner de la réalité des choses; un tableau
n'est jamais la nature, surtout quand le tableau
essaye de figurer les contours d'un avenir encore
incertain. On cherche à peindre les hommes tels
qu'ils devraient être. On les voudrait meilleurs
et plus heureux.

Est-il chimérique de rêver une amélioration
pour la foule des souffre-douleur et des traîne-la-
misère, que le poids de la matière accable? Si la
civilisation ne se propose pas pour but de relever
ces fronts penchés vers la glèbe, qu'est-elle et à
quoi sert-elle? Répétons le mot de Mæterlinck :
« On peut espérer qu'un jour tout le monde sera
heureux et sage; et, si ce jour ne vient jamais,
il n'est pas criminel de l'avoir espéré. »

On me prend aussi à partie sur la réclamation
que j'ai faite (en m'appuyant sur l'exemple de

l'État) d'une rémunération éventuelle, même dans l'industrie, pour les longs services et le mérite de l'ancienneté. Des ouvriers — qui sont évidemment jeunes et actifs — m'écrivent : « Vous réclamez une prime à la paresse et à l'inertie. » Et des patrons m'écrivent : « Pour soutenir la concurrence, il nous faut un personnel jeune, ardent et robuste. » Des deux côtés, la conséquence est la même : « *Væ victis!* Tant pis pour les vieux! »

Lorsque les jeunes seront devenus vieux à leur tour, ils raisonneront peut-être autrement. Quant à la qualité du travail, on pourrait discuter sur le mérite comparé de la vigueur chez les jeunes et de l'expérience chez les anciens. La lutte est engagée depuis que le monde est monde. Même, je ne serais pas éloigné de penser que c'est à ce duel que se ramène toute la difficulté sociale. Si on faisait une coupe sombre des généraux, la jeune armée trouverait que les choses vont bien : de même, dans l'armée industrielle. Aux temps barbares, les jeunes chassaient les vieux; la loi nouvelle prend à tâche de les ménager et de les respecter.

A cette même proposition, une autre objection est présentée au nom des « petits patrons » : « Comment pourrons-nous, m'écrit un de mes correspondants, nous autres petits patrons, qui

sommes des milliers et des milliers en France,
occupant chacun de dix à cinquante ouvriers,
comment pourrons-nous faire quelque chose de
tel pour notre personnel et lui témoigner l'estime
dans laquelle nous le tenons ? Nos ressources sont
si restreintes, nos chances de gain si aléatoires !
Vous citez l'exemple de l'État : cela lui est facile,
il n'a qu'à taper sur le contribuable. La grande
industrie et les grands magasins, qui occupent
des milliers d'employés, peuvent y suffire, à la
rigueur. Mais nous, comment ferons-nous, et
verrons-nous, de plus en plus, l'élite des travailleurs déserter nos chantiers ? »

La difficulté est sérieuse et particulièrement
délicate ; car il n'y a pas, dans l'ordre social, de
situation plus respectable que celle de l'homme
d'action qui s'efforce de créer une entreprise, si
ce n'est, peut-être, celle de l'homme de labeur
qui cherche à faire usage de ses bras. L'un et
l'autre sont intéressants, surtout parce qu'ils sont
isolés. Ils sont, pour ainsi dire, livrés sans défense
à tous les aléas de la vie, du hasard et de la
concurrence.

Mais il me semble que, là encore, la réponse
se dégage assez naturellement de la pratique et
des faits : la prime à l'ancienneté n'est pas nécessairement liée à la quotité du salaire. On peut la

supposer indépendante et on peut admettre qu'elle fonctionnera non pas directement dans les relations de patron à ouvrier, mais dans le sein et par l'entremise de l'association professionnelle. Il y a longtemps que les comices agricoles et même le ministère du commerce ont mis en pratique, à titre exceptionnel, un système qu'il s'agirait de régulariser et de généraliser.

Quand les premiers projets de loi sur la responsabilité des accidents ont été mis à l'étude, les faiseurs d'objections n'ont pas manqué d'annoncer la ruine du patronat, et notamment du petit patronat. Sans envisager, ici, certaines difficultés que la pratique a révélées et qui amèneront des modifications à la loi votée, il faut bien reconnaître que le jeu de la coopération et des assurances a singulièrement facilité un progrès qui est, en somme, acquis dans le sens de la justice sociale.

Il pourrait en être de même pour un système de primes à l'ancienneté si les associations patronales ou, mieux encore, les associations professionnelles se mettent un jour à l'étudier sérieusement. On ne saurait trop le répéter, l'organisation syndicale ne serait complète, elle n'aurait rempli son véritable objet que si, loin d'opposer le patron à l'ouvrier et l'ouvrier au

patron, elle finissait par les rapprocher et par
confondre leurs intérêts, qui sont, au fond, iden-
tiques. Nous n'en sommes pas là, c'est entendu.
Mais, de ce qu'une cause est obscurcie par le
fatras des polémiques vaines et intéressées, doit-
elle s'abandonner elle-même et renoncer à se
faire jour, si elle est juste et sage?

C'est vrai, les « petits patrons » sont dignes
d'intérêt; ils ont à lutter contre les exigences
inverses de leurs concurrents et de leurs collaborateurs. Ils n'ont ni l'argent, ni le nombre;
surtout, ils s'ignorent. Cependant, ils ont l'ardeur, l'initiative, la foi. C'est eux qui, dans
un pays bien équilibré, représentent l'avenir.
Ouvriers d'hier, ils font encore partie du peuple;
ils connaissent ses besoins; personne ne voit de
plus près les misères sociales et, s'ils le veulent
bien, personne n'est plus apte à les soulager.

Mais, isolés comme ils le sont jusqu'ici, ils
sont impuissants. Leur force sera dans le groupement. Qu'ils se rapprochent, qu'ils s'unissent
qu'ils s'organisent, eux aussi, et ils trouveront
— avec moins de chances d'erreurs que les doc-
teurs ès sciences politiques et économiques
— les solutions les plus simples et les plus
fécondes.

Déjà, dans nos provinces, les syndicats agri-

9

coles multipliés ont donné des résultats inappré-
ciables pour l'amélioration des cultures, la diffusion des méthodes nouvelles, les facilités du
crédit, la permanence du progrès. Et le dernier
mot n'est pas dit. Un jour ou l'autre, nos cultivateurs devront aborder franchement et loyalement la question de la main-d'œuvre rurale.
S'ils ne devancent pas les faits, les faits les
surprendront...

Quoi qu'il en soit, c'est en voyant se répandre
et se multiplier ainsi, non seulement dans une
classe de la nation mais dans toutes, non seulement à la ville mais à la campagne, ces institutions nouvelles qu'on apprécie, de plus en plus,
ce véritable ressort de la prochaine évolution
sociale : l'organisation corporative.

Dans notre beau pays de France, on attend
tout du gouvernement et de la loi. C'est une foi
innée et qui explique, trop souvent, les surprises
et les erreurs de notre histoire. Une sorte
d'inertie intellectuelle se persuade qu'un monde
nouveau doit surgir, un jour, soit d'une parole
souveraine, soit d'une révolution politique, soit
d'un vote du Parlement. Il n'est pas de conception plus simpliste et plus puérile. Ne parlons
que de la loi. Tous les jurisconsultes sont
d'accord pour le reconnaître : la loi ne crée pas,

elle constate, elle enregistre. Ce sont les mœurs,
c'est-à-dire les habitudes sociales, qui sont les
véritables maîtresses du progrès! « Aide-toi, le
ciel t'aidera », disait le vieux proverbe; il faut
toujours en revenir là : vous aurez la loi que
vous vous serez faite à vous-mêmes.

Tout récemment, des économistes ont proclamé la faillite des « lois sociales ». Chiffres
en main, ils ont prétendu démontrer que les
mesures votées par le Parlement en faveur des
ouvriers depuis vingt-cinq ans leur avaient été
plus nuisibles qu'utiles. Les grèves plus nombreuses, les salaires sans augmentation réelle et
les conflits de travail multipliés, tel serait le
bilan de l'effort accompli depuis un quart de
siècle... Il serait facile d'objecter à ces pessi-
mistes, qui aiment à retourner la lorgnette, que
leurs statistiques vont à l'encontre des faits pa-
tents; du moins faut-il reconnaître, avec eux, que
les lois, si consciencieusement rédigées qu'elles
soient, ont des contre-coups imprévus et souvent
des conséquences inverses de celles que l'on attendait. Aussi, les lois ne sont pas intangibles; elles
se modifient et se perfectionnent sans cesse.
C'est dans ce sens et en suivant, pas à pas, l'évolution des idées et la leçon des faits que la loi
peut concourir à l'amélioration publique.

Mais qui donc aidera le législateur, qui donc
préparera sa tâche et lui apportera la lumière,
si ce n'est le groupement des intérêts compétents ! Dans ce groupement, le patron comme
l'ouvrier ont également leur place, et les petits
patrons, en particulier, parce qu'ils sont légion.
Ils sont la réserve de la démocratie. Petits
patrons, petite bourgeoisie, là est le salut !

Que tous s'habituent à cette collaboration, non
seulement dans l'atelier, mais aussi hors de
l'atelier, et, de leur entente, naîtra la future loi
du travail ; par elle s'accomplira, pacifiquement,
la véritable révolution de l'avenir, — la révolution professionnelle.

Le Capital

Nous voici, maintenant, en présence du vrai,
du « grand patron », du patron s'il en fut : le
capital. N'est-ce pas lui qui est derrière tous les
chefs d'entreprises, derrière tous les metteurs en
œuvre de la matière et des hommes ; n'est-ce pas
lui qui commande, qui exige, qui n'est jamais
satisfait ? Mobilisé, désormais, et ayant pris le
masque de l'anonymat pour faciliter ses opérations, il s'est introduit partout ; c'est lui qui lit
les bilans, surveille les efforts, rogne les bénéfices ; sans figure et sans entrailles, il impose sa
loi. « Que voulez-vous, dit le travailleur-chef aux
travailleurs-subordonnés, il faut élever, élever
toujours le dividende. Je vous tiens serrés ? Je
suis serré moi-même. Prenez-vous-en à mes
commanditaires, à mes actionnaires. Ils sont nos
maîtres. »

Comme le capital a paru l'ennemi et l'obstacle,
les écoles socialistes ont beaucoup disserté et
divagué à son sujet. C'est une vieille querelle,
puisqu'elle paraissait déjà telle, à Rome, au
temps de la loi des XII Tables. Que dis-je? La
question du prêt de l'argent tourmentait, selon
Montesquieu, le très oublié Boccharis, qui fut,
paraît-il, le législateur des Égyptiens. Cela ne
date pas d'hier. Donc, toute l'histoire de l'humanité n'a pas suffi pour ébranler l'autorité du
capital, né avec elle. Et il y a des gens qui
affirment — dans leurs professions de foi —
qu'ils n'en feront qu'une bouchée. Nous verrons
bien.

Capital veut dire « têtes de bétail ». Un capitaliste
est un éleveur qui entretient bien son troupeau.
Tel a — comme Perrette eût bien voulu l'avoir —
une vache et son veau : s'il mange le veau, il
n'a pas de vocation pour devenir capitaliste ; s'il
élève le veau et si, peu à peu, il en élève d'autres
et rassemble un troupeau ; son affaire est bonne :
il aura de quoi sur ses vieux jours. A la naissance des sociétés, quand la tribu était encore
nomade, la richesse était, précisément, le troupeau, — le vrai « pécule », — et le nombre des
têtes faisait le capital. C'est la première des
richesses accumulées.

Cette histoire agreste découvre la racine du problème que pose l'existence du capital. Le capital est l'agent de conservation suprême de la société, de l'humanité et des objets qui sont, sur la planète, à l'usage de celle-ci.

M. G. Le Bon est en train d'expliquer l'admirable synthèse de la vie et de la mort de la Matière. D'après ce qu'il affirme, la matière n'est pas éternelle, comme on le croyait jusqu'ici. Condensée par les mouvements frénétiques des atomes de l'Éther, elle s'épuise et se consomme par la radio-activité, de même qu'une lampe se détruirait elle-même en brûlant. La planète Terre, ainsi que les systèmes solaires dont elle fait partie, a emmagasiné, dans les temps très anciens, le matériel exploitable amassé dans ses profondeurs et à sa surface. L'homme profite de ces objets, et il entretient, par leur consommation, sa brève existence. Parfois, il les décompose par les agents naturels qu'il a domestiqués, la chaleur, la lumière, l'électricité : c'est un destructeur, un gaspilleur. Mais souvent aussi, il aide à la conservation, à la reproduction des objets par des procédés qu'il a développés en même temps que ses procédés de destruction. Par exemple, l'homme brûle les forêts, mais il reboise ; l'homme mange les fruits de la terre, mais il

sème, l'homme épuise les dépôts miniers, mais
il découvre, dans la nature, des réservoirs d'énergie, — comme des chutes d'eau, — avec lesquels
il compensera, peut-être, un jour, la dilapidation
hâtive à laquelle il se livre présentement. S'il a
soumis la vache, ce n'est pas seulement pour
consommer le lait et manger le veau, c'est surtout pour entretenir et multiplier la race bovine,
qui, sans lui, serait assurément beaucoup moins
nombreuse sur la terre.

En somme, le rôle de l'homme, à la surface
du globe, est plutôt un rôle d'aménagement, de
protection et de conservation : c'est un rôle
d'épargne. Toute l'œuvre de la civilisation matérielle a consisté à développer les moyens de prolonger la durée et la jouissance des choses, en
retardant la consommation des choses elles-
mêmes ou en les reconstituant au fur et à mesure
de l'usage. Si l'homme le pouvait, il envelopp̄e-
rait le globe dans du coton pour le mettre à
l'abri des intempéries et des accidents.

L'ensemble de ces mesures de précaution qui
accumulent les éléments de bien-être, de com-
modité et de confortable, constitue le capital.
Détruire le capital, ce serait, tout simplement,
ramener l'homme à l'état primitif, quand il errait
nu, sans défense, dans le marais originaire. Le

Laboureur de La Fontaine recommande à ses
enfants :

> ...l'héritage
> Que nous ont laissé nos parents :
> Un trésor est caché dedans.

Et, ce trésor, n'est rien autre chose que le
travail accumulé qui l'a rendu productif et fertile.

Ces routes, ces canaux, ces voies ferrées, ces
monuments, ces villes, ces institutions, ce matériel énorme de la vie moderne, ces ponts qui
tremblent au passage des express, ces ports qui
s'avancent et empiètent sur la mer, ces ballons
qui montent et happent le ciel, autant de capitaux, c'est-à-dire autant de moyens de saisir et
de prolonger la durée et la jouissance de la
matière. Les pavés, les asphaltes protègent la
terre pour qu'elle ne se délite pas sous les pieds
des hommes qui la foulent. Tout le monde s'applique à sauver l'avoir de tout le monde.

Donc, tant qu'il y aura une humanité, il y
aura création de capitaux, de même qu'il y aura
organisation de travail. Il y a deux choses qui ne
périront qu'avec l'homme lui-même ; l'esprit
d'entreprise, qui fait le *patron*, et l'esprit
d'épargne, qui fait le *capitaliste*.

Oui ; mais le capital est mal réparti. Puisqu'il
est produit par l'effort de la collectivité, pour-

quoi sa possession n'est-elle pas collective? Le
capital, créé par tous, appartient à tout le monde.
Tout le monde doit en jouir également.

Débarrassée du fatras des polémiques, voilà la
thèse collectiviste dans toute sa force. Ici encore,
c'est l'histoire qui répondra.

La collectivité agit et crée, quand elle est
dirigée par des hommes d'initiative : mais elle
s'entend mal à épargner. Quand une chose est à
tout le monde, elle n'est à personne ; personne
n'a de raisons particulières de la conserver. Chacun, au contraire, pour en avoir sa part, se hâte
de la dissiper.

Quand tout le monde chasse, il n'y a plus de
gibier ; mettez un tas d'or sur la place publique,
il se dispersera, sans qu'on puisse savoir comment, en lippées individuelles, — bien modestes!

L'individu épargne : la collectivité dépense. On
n'a pas encore trouvé d'autres moyens de pousser
l'homme à ce sacrifice constant de ses propres
plaisirs, l'*économie*, que de lui promettre la sécurité pour ses vieux jours et le bien-être pour
les siens.

Cet instinct a donné naissance à la propriété.
Elle est de tous les temps et de tous les pays.
Essayez de la supprimer : elle renaîtra et passera
par les fissures. Dans la République communiste

par excellence, à savoir la République spartiate,
la richesse individuelle, bannie par le législateur,
a reparu par mille procédures insidieuses et,
finalement, la République a péri quand les fortunes, reconstituées par les dots et les douaires,
ont fait des femmes — seules capitalistes — les
reines de la Cité. C'est une histoire bien oubliée,
mais qui ne serait pas, même aujourd'hui, sans
actualité.

Faut-il conclure que tout est pour le mieux
dans le meilleur des mondes, et qu'il n'y a qu'à
laisser couler le ruisseau? C'est là, comme on le
sait, la thèse des économistes. Mais la thèse des
économistes — le *laissez faire, laissez passer* —
a trouvé, elle aussi, de bien redoutables contra-
dicteurs dans les faits.

Le capital personnel et héréditaire a fait ses
preuves dans l'histoire, d'accord. Mais il a ren-
contré, aussi, l'opposition constante d'une certaine équité latente au cœur de toutes les nations
de l'univers. Quand le capital, c'est-à-dire le travail du passé, a prétendu faire payer trop cher
sa collaboration à l'œuvre du présent et à la préparation de l'avenir, les hommes d'entreprise se
sont levés contre lui et ont opposé leur veto à
son embargo.

Il n'y a pas de législation qui n'ait pris ses

précautions contre l'usure, c'est-à-dire contre le loyer exigé par le capital pour venir en aide au travail. On n'admet pas qu'Ugolin mange toujours ses enfants pour leur conserver un père. Le passé a des droits, mais très inférieurs à ceux de l'avenir. Il n'y a rien de « perpétuel » sur la terre, pas même les rentes qui se baptisent ainsi elles-mêmes.

Ceux qui ont remué les vieilles paperasses savent que la prétention de nos pères était de fonder « pour l'éternité ». Les paperasses sont encore dans les archives; mais les rentes sont mortes peu de temps après les générations qui les avaient consolidées *in secula seculorum*. Si le capital ne se résigne pas à abandonner quelque peu de lui-même à la loi de destruction qui pèse sur toute chose créée, il s'expose à des opérations que tous les âges ont connues et qui n'ont jamais ménagé les mainmortes.

De nos jours, l'entreprise d'exploitation rapide de toute la planète a donné au capital une sur-value, une *appréciation*, comme on dit en termes techniques, qui l'a rendu exigeant et intolérant. Il faut de l'argent à tout prix, et il faut le payer très cher. D'où ces fortunes prodigieuses, amassées surtout dans les pays neufs, et dont on fait tant de bruit en ce moment.

Les milliardaires sont les rois du monde et les
rois de la mode. Il n'est question que de ces
richesses colossales et de ce luxe insensé, de ces
maisons, élevées d'une vingtaine d'étages, qui
ont coûté 25 millions, avec leurs salles à manger
de 450 couverts, leur décoration en matières
précieuses, telle porte qui vaut 30.000 francs,
telle cheminée qui vaut six fois autant ; on énumère
les palais plus splendides que Versailles, les
piliers de porphyre, les escaliers tendus d'étoffes
merveilleuses, les mobiliers sans prix, les plantes
et les animaux les plus rares, les lits garnis de
dentelles ; et puis les galeries, avec les Rem-
brandt, les Raphaël, les Gaingsborough, les
Watteau, tout l'art de la vieille Europe, — et
même, quelques châsses d'Ambazac ; et puis, ce
sont les attelages magnifiques, les puissantes
automobiles, les voies ferrées qui amènent l'invité
au pied des perrons de marbre ; et puis, dans
la ville encore, les coffres-forts où repose le créateur de toutes ces merveilles, le monceau d'or et
de titres défendu par des batteries électriques
projetant de l'eau bouillante sur le visiteur indis-
cret.

On ne manque pas de vanter aussi la générosité de ces Crésus qui fondent des bibliothèques
et des universités, couvrent les cités de monu-

ments perpétuant leur nom, qui consacrent des églises à Dieu et des temples à la Paix...

Tout cela ne m'en impose pas. Un peu moins riches, et même beaucoup moins riches, ces hommes n'eussent pas été si embarrassés pour disposer de leurs richesses : ils en eussent laissé une part légitime à ceux qui les ont aidés à les amasser.

Car, voilà la vraie question. Le capital a-t-il intérêt à prélever sur la vie publique un loyer tel que sa récompense devienne scandaleuse? Quand, dans une réunion d'actionnaires, les mains battent pour applaudir à l'augmentation nouvelle du dividende, la voix qui s'élèverait pour demander si, sur les nouveaux bénéfices, la part a été faite largement à tous les collaborateurs, et notamment à la main-d'œuvre, si cette voix s'élevait, serait-elle entendue? On blâme le président Roosevelt. Mais ne traduit-il pas un sentiment public quand il dit : « Ce peuple veut empêcher les fortunes de devenir, dans les mains de quelques hommes d'affaires, un instrument antisocial... »

Le capital n'est, en somme, qu'un parvenu, un fils de ses œuvres, un fils du travail; qu'il n'oublie jamais ses origines. Le passé n'a pas le droit d'encombrer l'avenir.

Dans le prêt à intérêt, il y a toujours de l'*usure*, c'est-à-dire de la perte, du frottement, de la destruction inutile et parfois dangereuse. L'usure a été condamnée absolument par l'antiquité et par l'Église ; au delà de ce qui est raisonnable, elle est condamnée par la loi civile. Qu'elle ne s'expose pas à être condamnée par la morale sociale qui est en préparation dans l'organisation future du travail et de la démocratie.

L'Ouvrier

C'est un sujet qu'il n'est pas facile de traiter
avec impartialité et mesure. Par ce temps de
surenchère, on a si lourdement exagéré les flat-
teries et les critiques adressées au peuple-roi,
que la bonne foi a peine à trouver sa route et
qu'on s'expose aux reproches alternés en cherchant tout uniment la vérité. « Aux Gibelins
Guelfe, aux Guelfes Gibelin », disait Montaigne.
C'est le sort de ceux qui cherchent à s'éloigner
de l'un et de l'autre des excès et qui essayent de
saisir l' « entre-deux ».

Depuis Jean-Jacques Rousseau, les âmes sensibles ont vécu sur le thème des vertus populaires. « L'homme étant sorti bon des mains de
la nature », la civilisation seule l'aurait gâté. Plus
il avoisine l'état primitif, plus il se rapproche de
l'ingénuité ancestrale. A la suite de Jean-Jacques,

la littérature et la politique se sont emparées du
thème et n'ont plus été qu'un universel atten-
drissement.... Berquinade ou bergerade, comme
vous voudrez, à laquelle les loups ne manquèrent
pas.

Il faut parler plus virilement. L'homme est le
même partout. Resté plus fruste, il est plus sincère peut-être : mais le fond demeure. L'homme
est un animal de lutte, supérieurement doué pour
la lutte, et qui exercerait sans relâche, contre
ses concurrents de la planète et contre sa propre
espèce, ses terribles instincts, si une autorité
intime ne le dominait, autorité essentielle à son
être, agent supérieur de sa destinée — et c'est
la conscience.

La conscience, — ainsi que M. Fouillée vient
de le démontrer dans son livre magistral, la
Morale des Idées-Forces, — la conscience, c'est
l'existence se réalisant par le sacrifice, parce que
la vie n'est qu'illusion si elle ne connaît pas sa
propre précarité jusqu'à dominer et accepter la
mort.

L'homme vit pour se survivre : c'est la société
qui réalise ce vœu de la nature; et c'est pourquoi le droit social est plus fort que le droit
individuel et s'impose fatalement à lui.

L'application de cette loi éternelle, qu'on

appelle *morale*, est surveillée, dans l'homme, par la vigilance des deux yeux intimes de la conscience : le sentiment et la raison.

Si la raison est développée davantage peut-être par la culture, le sentiment est plus spontané et plus loyal chez le peuple; et c'est ce qui explique cet enthousiasme qui exalta toute une école et qui éclata surtout dans les dithyrambes de Michelet.

Je reste volontiers, quant à moi, l'élève de Michelet, — ainsi que l'a été ma génération, — s'il s'agit seulement d'effacer cette distinction que la vanité a essayé d'introduire entre deux classes d'hommes : l'élite en paletot et la masse en bourgeron ou en sarrau; l'intellectuel, homme de tête qui voit, dirige et jouit; l'ouvrier, le paysan, l'homme de main, qui ignore, souffre et travaille. Et, au delà même de la pensée de Michelet, je suivrai Livingstone, quand il dit, à la fin d'un de ses voyages africains : « Je remercie la Providence de m'avoir appris que, sous toutes les latitudes, dans toutes les civilisations, sous tous les costumes (et même sans le costume), les hommes se valent, et qu'un nègre, homme d'âge, assis devant sa hutte et accueillant le voyageur lointain, est touché par les sentiments, accessible aux raisonnements qui émeuvent et déterminent le reste de l'humanité! »

Pas besoin d'aller en Afrique; il suffit de jeter les yeux autour de soi pour apprécier le tissu de vertus vraies dont est faite l'endurance populaire.

Sans ressources et sans sécurité, n'ayant que le secours de ses bras, pris au piège de la civilisation qui le séduit par toutes ses tentations, le refrène par toutes ses sévérités, que cet isolé « tienne le coup », comme on dit, accepte, fonde une famille, l'élève et lui transmette la vie et l'espérance, alors que les malheurs qui l'ont accablé trop souvent conseilleraient plutôt l'abandon de soi-même et le désespoir, c'est un miracle constamment renouvelé.

Il ne s'explique que par cet optimisme latent, plus robuste au cœur des âmes simples, et qui reste, quoi qu'en disent les philosophes, le ressort suprême de la vitalité humaine.

Cette force, cette énergie, cette belle humeur, si rarement entamées et abattues, sont admirables chez le peuple; mais combien plus admirables encore chez ces femmes du peuple qui ont porté tous les fardeaux, et dont la tendresse en cheveux blancs veille encore sur l'homme devenu vieux, comme sur un grand enfant!

Autour de nous, aux champs et à la ville, ces belles vies abondent : on ne les remarque pas, parce qu'elles sont modestes et s'ignorent elles-mêmes ; on trouve cela tout naturel. Ce sont des fleurs qui embaument sans étaler leurs corolles.

Si c'est à cette immense quantité des anonymes du devoir, des prix Montyon ignorés, qu'il faut tirer le chapeau : c'est fait. S'il faut ravaler la fatuité de ceux qui se croient d'un autre sang et pensent qu'ils ont droit, par la naissance, au commandement, au bien-être et au plaisir, d'accord.

La société ne sera elle-même, c'est-à-dire une famille, que quand ces idées loyalement égalitaires auront pénétré jusque dans l'intimité des âmes et auront modifié la pratique des mœurs, quand, dans les relations sociales, la déférence mutuelle sera la règle, quand l'ouvrier, respectueux de soi-même, trouvera le rang et la place que son utilité et son labeur lui assignent ; en un mot, quand régnera, parmi nous, non seulement la démocratie, mais, au sens le plus noble du mot : « l'humanité ».

> ... Croit-on
> Que le ciel n'ait donné qu'aux têtes couronnées
> De l'esprit et de la raison ?

On est loin de cet idéal. Par suite du ton et

des habitudes prises depuis longtemps par la
polémique de presse et de tribune, l'animosité
des diverses parties de la nation l'une contre
l'autre, s'exaspère quand elles viennent à mesurer leurs devoirs respectifs. Aucune concession.
Le champ des idées, où la vérité et la tolérance
devraient se rencontrer, est un champ de bataille.
Plus on raisonne, moins on est raisonnable ; et
c'est au moment où de réels efforts sont accomplis pour rendre, les uns aux autres, la vie commune tolérable, que des malentendus, des violences et des suspicions la font, plus que jamais,
insupportable. Drôle de peuple !

L'ouvrier français n'échappe pas aux défauts de
la nation : il les exagérerait plutôt, avec l'intem-
pérance de son allure et de ses façons. Ces
défauts sont la légèreté, l'indiscipline, la fanfa-
ronnade de vices qui, par l'exemple, par la mode,
par une véritable contagion, a développé notamment la plus affreuse des plaies publiques :
l'alcoolisme.

Ne demandons pas l'impossible. Lâchons la
bride à la fougue juvénile, au désordre de la fantaisie ou de la nature, à la disgrâce des tempéra-
ments et des entrainements. Mais, pourtant, ne
laissons pas aux gens l'illusion de croire que ces
tares nous échappent ; ne fermons pas volontaire-

ment les yeux sur les conséquences de ces défaillances et sur leur répercussion inévitable dans
les rapports sociaux. On peut excuser, non
accepter. Même ceux qui se taisent, jugent.

Parmi ces misères, il en est qui ne sont nullement inhérentes à des nécessités de climat ou de
nature. Que des peuples grelottants dans les
brouillards ou dans les neiges allument en eux
une flamme qui leur donne l'illusion du bien-être,
qu'ils brûlent hâtivement un organisme doulou-
reux... En est-il de même sous ce ciel clément,
où la bonne humeur et la joie de vivre descendent si naturellement du sourire de la nature?
L'indolence et la non-résistance qui attardent le
désœuvré volontaire devant la première absinthe,
n'appartiennent pas à l'ordre des fatalités inéluc-
tables en un pays traditionnellement raisonnable,
sobre et pondéré.

Si ces défauts ne s'atténuent pas par l'éducation, par la volonté, par une sorte d'auto-sug-
gestion individuelle ou par un avertissement
mutuel, si cette correction ne se fait pas d'un
effort unanime, le pays est bien malade. Car,
selon sa propre décision, ce peuple n'a plus de
guide ni d'autorité sur lui-même que lui-même...
Qu'il soit le plus digne pour être le plus libre!

Il y aurait peut-être lieu à un développement

sur les autres défauts et les qualités de l'ouvrier
français, son ingéniosité, son labeur, son esprit,
sa fantaisie, son indiscipline, — « bon zigue » en
somme et sympathique. Le jeune ouvrier le
connaît bien, ce jugement qu'on porte sur lui, et
il en abuse parfois.

Ces vices ou ces défaillances ont eu, sur l'organisation sociale en France, de bien fâcheuses
conséquences. Souvent, ils ont faussé cette arme
puissante du suffrage universel si bravement
confiée, par les honnêtes esprits de 1848, à ces
masses dans lesquelles ils avaient foi.

Depuis, combien de fois n'a-t-on pas égaré leur
confiance ou allumé leur convoitise ? Combien de
fois n'a-t-on pas agité, devant elles, le mirage de
la future Révolution qui doit faire du bonheur
avec un universel malheur ? Elles se laissent
faire ; elles écoutent, croyant vaguement à ce
paradis de Mahomet, où la jouissance sera sans
peines et les roses sans épines.

Si elles y regardaient de plus près, elles dis-
cerneraient bien facilement les dessous. La Révolution, que les habiles prédisent toujours, ils la
retardent sans cesse. Précurseurs, jamais rédemp-
teurs. Ils vivent dans l'antichambre du chambardement et ils y vivent bien.

A moins d'événements extraordinaires, la Révolution ne se fera pas d'un coup de force, parce que ceux qui l'escomptent sont le petit nombre, parce qu'ils sont à la fois dispersés et divisés, parce que le public est intéressé à l'ordre et que ce public a mille moyens de faire triompher sa volonté... quand ce ne serait que par la quarantaine et l'abstention.

L'offensive d'une minorité et la dictature de quelques-uns seraient intolérables à la masse, précisément parce qu'elle ne veut plus obéir aveuglément; elle réduirait à néant les spéculateurs de catastrophe, rien qu'en les abandonnant.

L'ère des *1er Mai* est finie; il faut trouver autre chose. C'est pacifiquement que se produiront les améliorations sérieuses, désirées par la nation tout entière passionnément. Mais pour être acceptées et pour être durables, elles devront se proportionner au rôle exact qui est celui de l'ouvrier au sein de la démocratie et subordonner leurs revendications à la prospérité générale du pays.

La Tactique ouvrière

Si la foi en une « journée » paraît s'éteindre
sauf chez ceux qui en ont fait un dogme ; si les
chefs des partis avancés, dès qu'ils arrivent au
pouvoir, se sentent obligés, en conscience, de
maintenir l'ordre et de se mettre « de l'autre côté
de la barricade » ; si la démocratie, au fur et à
mesure qu'elle se consolide, accroît son action
pacificatrice en se détachant des éléments pertur-
bateurs ; si elle sent qu'elle tirerait sur elle-même
en tirant sur la République, il reste à déterminer
par quelle voie le peuple obtiendra les satisfac-
tions qu'il est en droit de réclamer dans une civilisation de plus en plus riche, de plus en plus
confortable, et qui a, de plus en plus, honte et
horreur de recéler en son sein une extrême
misère.

Je ne pense pas qu'il y ait lieu de faire complè-

tement abstraction du sentiment équitable qui
tend à se répandre dans la bourgeoisie et dans le
patronat. Celui-ci connaît le péril auquel il s'expose en fermant l'oreille aux revendications légitimes; il renonce aux prétendues et trop commodes « fatalités économiques » qui élèvent
toujours les uns et abaissent toujours les autres;
son intérêt bien entendu lui conseille de céder au
moment opportun, et même de prendre les devants
pour éviter des conflits dont il n'est pas assuré
de sortir toujours vainqueur.

Il y a ouverture des esprits et mouvement des
âmes. La rigidité antique s'amollit, se tempère :
on craint de passer devant le tribunal sévère de
l'opinion; on admet que tout le monde doit avoir
sa part du bien-être produit par tout le monde.
Ceux qui ne sont pas émus par ce cri ou ceux qui
le nient sont, de part et d'autre, des sourds —
les pires des sourds, ceux qui ne veulent pas
entendre. Mais ils se raréfient chaque jour. Malgré eux, le siècle les emporte dans son tour-
billon.

Donc, pour l'œuvre de pacification sociale, je
compte d'abord, et fermement, sur le concours
intelligent et efficace de la bourgeoisie; sans quoi,
je n'aurais pas écrit ces pages. Elle a ses défauts;
mais elle a ses qualités qui, appliquées à cette

besogne, l'élucideront et la mèneront à bien. Qu'elle y mette son bon sens et sa droiture, *cum grano salis*, c'est-à-dire avec un rien de générosité, et elle montrera, une fois de plus, de quoi elle est capable.

D'ailleurs, est-ce que l'œuvre n'est pas commencée ? Cette loi des syndicats, qui fut la première brèche, n'est-elle pas due à un cabinet qui ne passait pas pour révolutionnaire, puisqu'il était présidé par Jules Ferry ? Cette loi des accidents — la plus immédiatement efficace jusqu'ici, — n'a-t-elle pas été votée sous la pression du cabinet Méline ?

Et tant d'autres : les lois limitant et surveillant le travail des femmes et des enfants dans les manufactures, les lois réglant le travail de l'ouvrier lui-même et aboutissant, non sans difficulté, je le reconnais, à cet accroissement considérable des charges publiques que cause le repos hebdomadaire... On ne peut tout énumérer.

Mais comment passer sous silence tant d'œuvres honorables qui se sont accomplies et se développent progressivement : crèches, maisons et jardins ouvriers, coopératives, participations aux bénéfices, assistance à domicile, assistance aux vieillards, caisses de retraites, mutualités, etc. On voudrait faire croire que tout cela ne compte pas. Des gens très malins lèvent les épaules et crachent par terre...

Bon ! Si la souffrance a diminué, le résultat est obtenu. On ne demande rien d'autre et, puisque Beaumarchais l'a dit du mal, à plus forte raison peut-on le dire du bien : « Il en reste toujours quelque chose. »

Je suis prêt à reconnaître aussi que cet élan, sans lequel tout serait difficile, à lui seul ne suffirait pas. Le propre du sacrifice est d'être volontaire, par conséquent arbitraire ; le cœur ne se commande pas. La nature, ainsi que la société, admettent, comme soutien de la justice, la contrainte. Il n'y a pas de réforme sociale plus sûre que celle qui trouve son origine dans un débat d'intérêts et sa formule dans un accord mûrement délibéré. Puisque les intérêts sont en cause, qu'ils s'expliquent entre eux, et puisque la loi est faite pour concilier les intérêts divergents, qu'elle arbitre ! La loi établit des rapports permanents entre les hommes : elle est donc la sanction normale du progrès.

Que si la violence est écartée, ce n'est pas uniquement par bonté d'âme, c'est parce que la revendication perpétuelle du pauvre contre le riche, de celui qui offre son travail contre celui qui l'achète a trouvé, fort heureusement, une autre issue, et cette autre issue, cette autre méthode, cette autre tactique, pour l'appeler par son nom, c'est l'organisation.

Les masses ouvrières n'ont qu'à s'organiser pour exercer, dans la société, leur maximum d'autorité. Voilà le point.

Cette grande ressource de l'organisation par l'association, tant prônée depuis quelque temps, a aussi ses inconvénients, ses difficultés, ses dangers. Elle passe, aujourd'hui, pour une panacée : à peine se sera-t-elle généralisée qu'elle amènera bien des déboires, soulèvera bien des plaintes. Mais, comparée à l'état où nous vivons aujourd'hui, elle n'en sera pas moins un inappréciable bienfait.

Aussi, puisque cette voie lui est ouverte, que la revendication ouvrière y entre sans hésiter. Elle y trouvera un double avantage, obviant ainsi à la double impuissance qui l'a, jusqu'ici, tenue à la merci de ses adversaires : d'une part, la faiblesse numérique des groupes ouvriers, et, d'autre part, leur indiscipline catégorique.

Les ouvriers se croient le grand nombre : ils sont le petit nombre, voilà la vérité ! En me référant aux statistiques officielles et aux relevés de M. Levasseur, dans son livre véritablement encyclopédique sur les « Questions ouvrières de la troisième République », je vois qu'on évalue le nombre des salariés de l'industrie à 5.642.000, y compris les femmes, les enfants, les étrangers, les travailleurs isolés. Cinq millions et demi sur trente-neuf millions, c'est-à-dire environ le septième!

Considérons l'élément actif du parti, au point de vue d'un coup de main et même de la propagande : en appelant le ban et l'arrière-ban des groupements actuels, arriverait-on à un chiffre de 500.000 syndiqués? J'en doute. Et, dans ces totaux, combien de figurants, combien de passe-volants! Ni par le nombre, ni par la force, la population ouvrière ne serait donc maîtresse de la situation si elle essayait de s'en emparer; cela ne durerait pas longtemps. Une fois de plus, la « réaction » suivrait l' « action » : la nature et l'histoire le prouvent.

Quant à la discipline, sans entreprendre ici un exposé, même succinct, de la vie intime du parti ouvrier, il suffit d'en savoir le premier mot pour n'y reconnaître qu'une interminable bousculade de coteries et de meneurs, de dictateurs d'un jour et d'éternels « déboulonnés ».

Les gloires sont courtes sous ce ciel changeant. Le manque de discipline apparaît, d'ailleurs,

comme essentiel si l'on observe à quel point les
intérêts, les tendances, les nécessités sont diverses
et jalouses : l'ouvrier agricole n'a rien de commun avec l'ouvrier urbain : parmi les citadins,
les concurrences s'établissent entre les diverses
professions et les diverses aptitudes : l'un,
dépouillé du travail par l'autre, la femme dispu-
tant le métier à l'homme, l'enfant au père,
l'étranger au fils du pays. Un remous constant
agite cette masse fluide qui suit le labeur où il
s'offre, roule à l'usine naissante, au chantier à
peine ouvert, au commerce qui prospère, et fuit
celui qui tombe.

Et voilà pourquoi cette foule sans défense,
abandonnée presque en ces ténèbres de la vie,
sera toujours faible et toujours opprimée — leur-
rée par le mirage d'une révolution impossible —
si elle ne multiplie pas son action sociale par la
plus naturelle et la plus simple des procédures :
l'organisation professionnelle.

Mais, il y a la manière. Si l'organisation professionnelle ne surgit que dans les temps de lutte
et pour la lutte, elle est vouée aux échecs dont
son histoire est pavée. La violence ne crée pas la
cohésion; au contraire, le choc fait tout voler
en éclats. Comment négliger l'objection qu'un

patron faisait à M. Bureau : « Vous comprenez
qu'il est toujours fâcheux de faire une concession
à des ouvriers français; comme on n'a en face de
soi aucun individu responsable — sinon pécu-
niairement du moins moralement — on ne sait
pas où on va. »

Oui, il faut quelqu'un de responsable. Et ce
quelqu'un c'est le délégué permanent, le manda-
taire compétent et qualifié que l'organisation
professionnelle durablement établie, et loyalement acceptée, enverrait en négociateur au tapis
vert de la pacification sociale.

« Où sont-ils en France, dit encore M. Bureau,
les syndicats sagement dirigés par des chefs syn-
dicalement élus et de qui l'autorité serait d'autant
mieux respectée que le choix des électeurs serait
plus libre et mieux éclairé? »

M. Fournière, dont le nom n'est pas suspect,
peut-être, répond, avec un sentiment plus vif
encore de la réalité : « N'est-ce pas pitié, vraiment, de voir gaspiller le temps précieux que les
prolétaires enlèvent à leur sommeil, après une
harassante journée de travail, et vouent au syndicat, égaré et détourné de son objet. L'observation montre que la mégalomanie syndicaliste
n'est pas ouvrière et qu'elle a été introduite dans
certains syndicats par certains théoriciens qui

ont fait leur apprentissage dans un lycée et non devant un établi ou un étau. »

Certes, je ne songe nullement à éloigner les groupements ouvriers de la politique. J'ai dit assez hautement, tout à l'heure, que la sanction de tout progrès social est dans la loi. M. Naquet me qualifie d'interventionniste. D'accord. Mais aussi, je pense que la meilleure préparation de la loi est dans la *coutume*.

La loi, sous peine d'être non applicable ou non viable, ne fait que formuler et sanctionner ce qui est, d'abord, dans les mœurs. C'est donc à l'introduction de nouvelles mœurs sociales qu'il faut toujours en revenir.

Ces mœurs, elles exigeront, de part et d'autre, droiture, bienveillance, attention, patience. Elles doivent avoir pour principe une conception plus pleine de la dignité de l'homme (*the dignity of mankind*) et de la respectabilité du travail. *Un homme vaut un homme; il n'y a rien au-dessus du travail :* ces notions ne sont pas nouvelles; elles demandent à n'être plus seulement avouées du bout des lèvres, mais à être appliquées et suivies dans tous les actes de la vie — autant de la vie intérieure que de la vie extérieure ou sociale.

Le lien naturel entre les hommes animés de ces sentiments, c'est la profession, puisque la

profession est le mode d'extériorisation de chaque
énergie individuelle. Donc, la tactique nouvelle
doit être surtout professionnelle ; elle doit être
ferme, soutenue et réfléchie ; elle doit être disciplinée ; il ne faut pas qu'elle agisse par à-coups
et seulement en temps de tumulte.

Indépendante du patronat, tant que la conviction d'une mutuelle solidarité ne se sera pas nettement dégagée, elle ne doit pas, cependant,
rompre avec lui et se déclarer toujours hostile.
Pour discuter, il faut *causer*, comme on dit.

Un jour, peut-être, il adviendra que, grâce à
l'évolution qui s'accomplit, bien des résistances
seront brisées, bien des opinions modifiées, bien
des divergences atténuées, et qu'une « conversa-
tion » permanente saura dégager avec précision
et sûreté les conditions, équitablement combinées, du contrat de travail collectif et de la collaboration, à son tour organisée. Tel est l'objectif : tout ce qui ne contribue pas à le préparer
est dangereux et erroné.

Je visitai, il y a quelque temps, une de nos
plus admirables villes du Nord, et un chef d'industrie, m'arrêtant devant le moteur de huit
cents chevaux qui donne l'âme à l'énorme usine,
me disait : « Nous savons, maintenant, ce que
chaque tour de volant emporte avec lui de

matière, de main-d'œuvre, de frais, de résultats
effectifs, et ce qu'il tient suspendu de vies
humaines à son ronflement rythmé... » N'est-ce
pas une admirable image de ce que peut devenir
la future existence sociale où le puissant moteur
du travail, mieux connu et plus heureusement
attelé, répandrait le mouvement, la chaleur et le
bien-être, prévus et calculés, jusqu'aux extré-
mités du corps social, à chacune de ses puissantes pulsations?

Le Patron et le Syndicat

Si je croyais tenir une solution de la question sociale, je ne la garderais pas pour moi, soyez tranquilles, et je transformerais, d'un coup de baguette, cette terre de douleurs en un séjour paradisiaque... Cela, pour répondre aux objections diverses et souvent contradictoires qui m'arrivent et que j'accueille, d'ailleurs, avec le plus vif intérêt, car elles révèlent la psychologie toujours prompte et toujours extrême de nos Français.

On me dit : « Vos idées, vos projets d'entente et d'accord entre les différentes parties de la nation sont irréalisables... Vous ne connaissez pas les patrons... Vous ne connaissez pas les ouvriers. . On se heurtera à des difficultés sans nombre. » Eh bien! j'ajoute, si vous voulez, que les difficultés sont à peu près insurmontables.

Les choses ne se réaliseront sûrement pas comme je le voudrais et comme je le souhaite.

Mais, au fait, qu'est-ce qui réussit ici-bas ? C'est toujours à recommencer. La vie individuelle débute par l'illusion et s'achève dans les échecs, dont le plus certain est la mort. Il en est de même, probablement, pour la vie sociale et la vie planétaire. Tout ce que peut faire l'humanité, c'est d'essayer de se rendre le séjour supportable et de ne pas trop le gâter par des querelles qui ne font qu'ajouter leur vain bruit au mal-être universel.

Les présentes études ne visent pas à autre chose : pousser les hommes, et notamment les Français, à s'entre-tolérer ; combattre l'erreur qui fait croire à chacun que son intérêt est le nombril du monde et qu'il tient, lui seul, la vérité ; contribuer, par des observations impartiales, à l'aménagement de la société prochaine ; empêcher, si possible, des événements par trop absurdes et suggérer quelques expédients raisonnables, quoique temporaires...

Si j'avais une autre ambition, mes dires seraient plus tranchants. Je sais bien où je les emprunterais : il y a des programmes tout faits et je n'aurais qu'à laisser couler l'éloquence officielle des partis.

Donc, si quelque lecteur, plus sûr de lui, reproche aux idées que je préconise de n'être pas assez catégoriques, je lui répondrai, tout uniment, que je n'en disconviens pas. On fait ce qu'on peut.

Notre ami Montaigne raconte que, quand un sujet lui paraissait difficile, il ne s'en détournait pas; il s'approchait, au contraire, « et sondait le gué ». S'il le trouvait trop profond pour sa taille, « il se tenait à la rive », laissant de plus forts et de plus aventureux tenter le passage... N'est-ce pas quelque chose que d'essayer et n'est-ce pas aussi une besogne que d'aller à la découverte?

Donc, il y aura des difficultés; il y aura, entre autres, celle sur laquelle je veux insister aujourd'hui, parce qu'elle est capitale, c'est à savoir le rapprochement et le contact à créer entre le syndicat et le patron.

Usons de ménagements; car les intérêts et les amours-propres sont en éveil. Bismarck emploie, pour ce genre d'intervention des neutres dans les conflits trop aigus, une image qui a son prix, même après celle du philosophe : « J'ai vu souvent, quand on est à deux, qu'il arrive que le fil tombe et que, par une fausse honte, on ne le ramasse pas; le moment où l'on pourrait ramasser le fil passe, et l'on se sépare en silence, indis-

posés l'un contre l'autre. Mais, s'il y a un tiers,
il peut bien, lui, sans plus de façon, ramasser le
fil. »

Essayons donc de « ramasser le fil ».

La plainte du patron (la plainte excessive, bien
entendu) est la suivante : « Comment traiter avec
ces gens? Leur ingérence me met hors de moi,
comme elle voudrait me mettre hors de chez
moi ; ils sont exigeants et intransigeants. Je
refuse de leur livrer le secret de mes affaires. Ils
viennent me demander du travail ; et puis, dès
qu'ils se croient indispensables, il faut se mettre
à leurs pieds. Je les tiens. Je ne céderai pas
d'une ligne. Quand je les ai payés, nous sommes
quittes. »

La plainte des ouvriers (la plainte extrême,
bien entendu) est celle-ci : « Le patron ne
voit que son intérêt ; il croit nous tenir par
la famine ; c'est un calcul affreux ; s'il fait semblant de nous céder, c'est pour nous amadouer ;
mais, dès qu'il peut, il reprend, à la hâte, les concessions que la peur lui a arrachées. Donc, il
n'y a d'autres procédés que l'intimidation : c'est
la guerre permanente, la lutte des classes : il
adviendra ce qu'il adviendra! »

Il faut, d'abord, déclarer que ces deux façons

de raisonner sont, heureusement, comme je l'ai dit, extrêmes et exceptionnelles. Peu d'hommes voient les choses sous la forme de ce dilemme brutal qui n'aurait guère d'issue que la catastrophe. De part et d'autre, il y a assez de bon sens, de logique, d'intuition réelle des intérêts communs pour, qu'au fait et au prendre, chacun ne se résigne pas à mettre un peu d'eau et même beaucoup d'eau dans son vin.

Tenons-nous en aux circonstances ordinaires. En réalité, la difficulté se présente et le conflit s'engage dans les conditions suivantes : le patron ayant, comme je l'ai dit dans un précédent chapitre, pris l'*initiative* et assumé le *risque*, entend obtenir la rémunération de cet apport qui est le sien, — sans compter son *travail*. Sa réclamation est juste, puisqu'il paye la main-d'œuvre d'*avance* et en *écus sonnants*, lui donnant ce qu'il n'a pas, lui, la *sécurité*.

Comment évaluer cette complexité presque inextricable d'intérêts actuels et d'intérêts futurs, d'exigences immédiates et de probabilités insaisissables qui sont l'objet du débat?

Pour être clair, un exemple. Vers 1895, on décide qu'une Exposition aura lieu à Paris, en 1900. On établit les plans et les programmes. Les patrons soumissionnent.

Dès que leurs devis sont débattus et acceptés, ils embauchent des ouvriers ; ils font venir du Limousin des maçons, du Nord des mécaniciens, etc. Ils commandent, à Paris, en province, à l'étranger, dans les usines compétentes, tous les objets nécessaires : les forges flambent, les marteaux tapent, les limes grincent ; c'est une activité universelle et qui gagne, de proche en proche, jusqu'à faire le tour de la planète.

Cependant, sur ce vaste champ de travail, le paiement des journées aux ouvriers et aux employés se fait de semaine en semaine ou de mois en mois, avec une ponctualité méticuleuse. Et cela sur une seule et unique garantie : un mot, une parole prononcée à Paris : « Il y aura une Exposition en 1900 ».

Ce n'est pas seulement les bras, ce sont les capitaux qui se sont mis en mouvement. Les caisses se sont vidées, les crédits se sont engagés ; en un mot, une avance de fonds colossale a été mobilisée par l'exigence de la main-d'œuvre qui ne veut rien savoir et qui réclame, à chaque paye, son argent *tout de suite.*

Si on lui disait : « Attendez jusqu'à ce que l'Exposition soit ouverte, on vous rétribuera sur les entrées ; attendez jusqu'à ce que les cafés et

les restaurants se remplissent, vous partagerez le
bénéfice des beefsteaks et des bocks ; patientez
jusqu'à ce que les bonshommes Guillaume ou le
Théâtre japonais fassent salle pleine ; vos sécu-
rités reposent sur les beaux yeux de Sada-Yaccò
et sur les entrechats lumineux de la Loïe
Fuller... », si on leur disait cela et si on les
assignait à cette échéance, j'ose affirmer qu'ils
la trouveraient mauvaise.

Cependant, les patrons, eux, ont marché là-
dessus, ils ont engagé leur argent, leur vie et
leur honneur. Et ils sauront seulement *après
l'Exposition*, quand tous les comptes seront
apurés, trois ou quatre ans plus tard, quelquefois plus, s'ils ont eu tort ou raison de se lancer
dans l'affaire et si l'argent qu'ils ont avancé,
avec tant de soucis et de peines, l'a été en pure
perte ou s'il a produit quelque profit.

Voilà le nœud de la difficulté. Comment ceux
qui sont chargés de traiter au nom du syndicat
pourront-ils établir, même de bonne foi, une
appréciation exacte et équitable de la quote-part
qui revient à la main-d'œuvre dans les entreprises pour lesquelles son concours est réclamé ?

Je sais ; il y a les moyennes, il y a le chiffre
d'affaires ordinaire de chaque entreprise ; c'est
une base. Il y a aussi des courbes de bénéfices

que les hommes expérimentés peuvent apprécier
d'avance; il y a des échanges de vues raisonnables et mutuels.

Pas moins que si le peuple veut obtenir, à la
fois, la certitude du travail et la sécurité du
salaire (indispensables à son existence), il doit
consentir à indemniser les hommes d'initiative,
les hommes de risque, à les indemniser et à leur
obéir.

S'il leur rogne les ongles de trop près, s'il les
décourage, les meneurs auront beau enfiler les
plus belles phrases de leur répertoire : le travail
cessera, et tout le monde souffrira de la faim,
concomitamment... Sans compter que c'est
encore les plus malins qui s'en tireront.

« Tant pis! Du moins, on aura fait peur aux
patrons. » Peut-être... Je reconnais, toutefois,
qu'une telle menace pèse, de la façon la plus
lourde, sur le marché de la production industrielle.

Cette panique latente n'est à l'avantage de
personne, et c'est pourquoi il est grand temps
de chercher un mode de règlement des conflits
du travail. Les patrons y auraient un intérêt au
moins égal à celui de leurs ouvriers.

L'instabilité perpétuelle où est maintenu le

monde des affaires par une irritation réciproque nuit à toutes les entreprises ; c'est une cause de troubles et de pertes énormes.

Quels seraient, par contre, la tranquillité, le calme et, par conséquent, le gain, si l'une des grandes nations productrices savait dégager, la première, les conditions de la paix dans l'atelier.

Il y a là une prime d'assurances qu'on ne devrait pas hésiter à payer. Supposons que l'entente s'établisse, que la communion des efforts se porte vers un résultat profitable à tous, quelle ardeur, quel entrain, quelle avance sur les autres peuples, — sans compter l'économie d'une révolution !

Le chef d'industrie ne peut-il pas admettre qu'il vaudrait mieux, pour lui, renoncer, de plein gré, au marchandage individuel de la main-d'œuvre et adopter le marchandage organisé et collectif ?

L'accord loyal ne se fera pas du jour au lendemain, c'est entendu ; surtout, il ne s'obtiendra pas par les mêmes méthodes dans toutes les spécialités. Autant d'industries, autant de procédés du travail et, par conséquent, autant de systèmes différents. Pas plus qu'il n'existe une solution unique de la question sociale, il ne se dégagera un type unique du contrat collectif de travail.

Cela s'établira — comme se sont établis tant de tarifs (par exemple les séries municipales, qui sont désormais acceptées, sans conteste) — par touches et retouches, par statistiques soigneusement relevées, par discussion de bonne foi entre gens renseignés et compétents.

Mais, pour « causer », il faut se connaître et se reconnaître. C'est le point de départ. Car, qui serait mieux qualifié pour prendre part à ces tractations constantes que les délégués élus de chaque profession ou de chaque catégorie professionnelle, — c'est-à-dire les élus des syndicats? Si on doit y venir, autant prendre les devants et y mettre de la belle humeur. L'acceptation nette, loyale et franche des syndicats ouvriers par les chefs d'industrie et les syndicats patronaux serait déjà un grand pas. Une ligne de conduite conciliante et réfléchie faciliterait bien les choses.

Nous sommes à l'heure de la publicité et du contrôle : les autocrates les plus absolus ont dû y passer et, en somme, les nations ne s'en trouvent pas plus mal. Appliquons aux affaires ça qui s'est appliqué à l'art du gouvernement.

C'est ce que Millerand, protagoniste et défen-

seur du système, appelle le « parlementarisme à
l'usine ». Va pour le mot, quoiqu'il ne soit pas
des plus plaisants.

Une certaine publicité, un certain contrôle,
dans les limites que la raison, le bon sens, la
pratique détermineront, peuvent s'introduire
dans l'évaluation des bénéfices et dans les rapports entre la main-d'œuvre et le patronat sans
porter atteinte à la clause essentielle du contrat
de travail, c'est-à-dire le *risque rémunéré* au
patron et la *sécurité du salaire* maintenue à
l'ouvrier.

Certaines règles débattues en commun s'éta-
bliraient, peu à peu, dans les mœurs et dans les
coutumes de chaque profession par l'intermédiaire de l'organisation professionnelle, que
l'assiette du monde n'en serait pas ébranlée.
L'histoire en a vu bien d'autres! La plupart des
réformes économiques se sont accomplies, en
dépit des prédictions sinistres des doctrinaires;
ils continueront à prêcher, et nous à écouter
avec la plus grande révérence et la plus parfaite
considération.

La Coutume professionnelle

On voudra bien reconnaître que, dans la série
de ces études, je me suis débarrassé, autant que
possible, du fatras économique, juridique, didac-
tique. Le sujet est assez aride par lui-même pour
qu'on ne l'alourdisse pas encore du poids de la
discussion et des chiffres. Il ne s'agit pas, ici, de
rédiger des règlements, mais de susciter une
opinion. Or, l'opinion est surtout sensible aux
points de fait et aux arguments de bon sens. Si
on prétend en savoir plus qu'elle, on en sait trop
pour elle. Elle vous écoute encore qu'elle vous a
déjà oublié.

Ce serait, pourtant, une affectation de négliger
tant d'efforts honorables qui se produisent chaque
jour, tant de débats utiles et d'actes même qui
tendent à *réaliser* le progrès. Nous sommes en
pleine élaboration sociale : c'est merveille de

suivre le labeur enthousiaste qui attaque le roc partout à la fois. Quand la place sera nette, on pourra bâtir. Mais, si la science n'avait pas, d'avance, fouillé et cimenté les fondations, l'édifice, mal conçu et mal équilibré, s'écroulerait au premier choc.

Au mois de juillet 1906, le Parlement a été saisi, par M. Sarrien, alors président du Conseil, et par M. Doumergue, ministre du commerce, de l'industrie et du travail, d'un projet de loi sur le *contrat de travail.* Une telle initiative fut un événement. Je sais : *projet de loi* ne veut pas dire *loi.* Dans les cinq titres que comporte le projet et dans ses cinquante articles, on trouvera de quoi discuter pendant maintes séances. Il y a loin de la coupe aux lèvres... surtout à la table parlementaire.

Pourtant, le plat est sur la nappe. Une bonne loi peut aider aux futurs aménagements sociaux. Pourvu, seulement, qu'elle s'en tienne à son rôle de loi et qu'elle n'altère pas ce qu'elle prétend soutenir et réconforter... Et c'est là la première question.

Les uns disent : « Sans la loi, il n'y a rien de possible »; les autres disent : « Prenez garde; vous allez tout gâter. Ne découragez pas l'initiative individuelle. »

Il ne s'agit pas seulement des partisans du *laissez faire, laissez passer* : voilà beau temps qu'ils sont réduits à une défensive sans espoir et qu'ils ont formé le dernier carré. Après les lois de protection ouvrière qu'ils ont vu voter, qu'ils ont dû voter, ils sont bien obligés de reconnaître que la thèse a reçu de terribles entailles. Le monde est pavé des dérogations aux fameux principes, et ça marche tout de même.

Mais, dans l'interventionnisme, il y a des degrés. L'abbé Lemire et M. R. Jay, par exemple, voudraient tout réglementer par la loi; la loi, seule, est assez forte pour obtenir, du capital, les concessions sans lesquelles le travail sera toujours victime.

D'autres, au contraire, tout en facilitant l'accès aux ententes collectives, entendent conserver à ces engagements élargis un caractère contractuel. Ils préfèrent habituer le monde du travail à la pratique de ses droits et de ses devoirs. Ils envisagent la réforme sociale comme une gymnastique de la liberté. La loi peut être un adjuvant utile : qu'elle se garde de devenir une lisière ou une entrave.

D'où le fameux débat entre légalistes et contractuels. Les premiers demandent que, dans une profession donnée, toute convention collective de travail, par le simple fait qu'elle est acceptée, une fois, par la majorité des intéressés, de part et d'autre, devienne *loi* et engage même ceux de ladite profession qui n'ont pas signé au contrat; les autres se contentent d'assurer et de faciliter à tous la possibilité d'entrer dans le contrat ou d'en sortir, en gardant, à la convention collective réalisée, simplement l'autorité d'un exemple et d'un précédent.

Dans le premier système, on verrait s'élaborer, par une série d'actes conventionnels établis à la suite de crises partielles qui ne tarderaient pas à se multiplier, une sorte de jurisprudence ou d'*édit du préteur* ayant force de loi.

Le travail arracherait à sa propre expérience sa réglementation; mais celle-ci s'érigerait, immédiatement, en mesure publique. L'État lui apporterait la sanction de son autorité et le concours de son bras. La société tout entière pèserait au point où un progrès se serait accompli. Chaque nouvelle convention entre patrons et ouvriers serait un article de cette réglementation corporative légale. La réforme s'enfermerait, d'avance et délibérément, dans l'étroit espace où le confli⁺ les intérêts particuliers l'aurait poussée.

On voit très bien les raisons de ce *compelle intrare*. Les jacobins du « contrat-loi » disent pour

justifier leur système : l : masse laborieuse n'est
ni assez nombreuse, · : assez forte, ni assez
expérimentée pour vain re la résistance de ceux
qui l'exploitent.

Dans le tête à-tête, infailliblement ceux-ci
auront le dessus. Seul, l'État peut réaliser pacifiquement la réforme sociale. Non-seulement il
est l'arbitre, mais il est le maître, il lui appartient de *vouloir*.

Qu'il veuille le bien-travail (qui est le bien de
tout le monde) comme il veut le bien-hygiène,
le bien-circulation, le bien-protection, le bien-
propriété : il est aussi libre d'imposer le progrès
social que tout autre progrès.

Une loi réglemente la chasse, une loi protège
les animaux; pourquoi pas une loi qui protège
l'homme?

D'ailleurs, qu'est-ce que c'est que l'État? C'est
l'union des faibles contre le fort : telle est la
raison d'être du troupeau, l'essence de l'esprit
grégaire. Soyez tranquilles, il restera encore de
la marge à ceux qui défendent les anciens abus et
profitent des vieux préjugés.

Mais, à cela — même à cela — il y a aussi une
réponse, une réponse, topique et qui, probablement, a empéché, jusqu'ici, une solution si
simple et simpliste du problème : c'est le péril

que fait courir à la vie la stérilisante mécani-
sation de la loi.

Singulière façon de développer le progrès que
de l'enfermer et de le cadenasser dans une formule immuable et morte!

Laissez la loi à son rôle d'initiatrice et de collaboratrice : si elle met son doigt brutal sur le
détail des choses, elle effraie, elle écrase, elle
tue. Platon traite la loi comme elle le mérite :
« La loi, dit-il, ne peut embrasser ce qu'il y a de
meilleur pour la règle et la conduite des sociétés.
Dans l'incessante variabilité des choses humaines,
les différences sont telles qu'elles ne permettent
pas à un art, quel qu'il soit, d'établir une règle
simple et unique qui convienne à tous les hommes
et dans tous les temps. Et c'est, pourtant, le caractère de la loi; pareille à un homme obstiné et de
mauvaise éducation, elle ne souffre pas que personne fasse rien contre sa décision et elle ne
s'inquiète de rien, brutalisant tout et pliant tout
sous son niveau. »

Le projet de MM. Sarrien et Doumergue s'efforce, évidemment, de tenir la balance égale entre
les deux systèmes. Il épure et met au net, si j'ose
dire, la conception actuelle du contrat de travail;
il définit et introduit, dans le régime légal, les
différentes conventions collectives de travail; il

clarifie la question si délicate des règlements
d'atelier : il essaye de déterminer les obligations
respectives imposées au patron et à l'ouvrier par
le contrat de travail ; enfin, il examine les conditions de suspension et de rupture de ce contrat
(notamment en cas de grève) et réglemente le
délai-congé.

C'est donc un petit code portatif des questions
pendantes autour de la main-d'œuvre industrielle,
apportant des solutions conciliatrices, pas mé-
chantes, et, en thèse générale, favorables à
l'ouvrier. Complété et amélioré dans le sens des
observations qui ont été présentées devant l'*Association pour la protection légale des travailleurs*,
au cours des remarquables séances tenues, en
janvier 1907, sous la présidence de M. Millerand,
il peut servir de base, ou plutôt de cadre, aux
futurs accords.

La législation qu'il tend à inaugurer paraît désirable. Mais, est-elle applicable ? Malheureusement, les éléments de l'application manquent
encore. On veut réglementer l'organisation ; or,
c'est l'organisation, justement, qui fait défaut.
On met la charrue avant les bœufs.

La loi de 1884, complétée par les lois posté-
rieures, a bien autorisé le groupement profession-

nel sous le nom de « syndicat », et ce nom nous
a servi, à défaut d'autre, pour qualifier l'élément
initial, l'atome de l'organisation future.

Mais, il faut bien le reconnaître, le syndicat,
dans sa forme actuelle, ne répond pas aux nécessités de l'entente à rechercher, des conventions
à établir. En Angleterre, peut-être; en France,
non.

Le syndicat politique, le syndicat anarchiste,
le syndicat agent de grève ou de révolution n'est
pas un « syndicat professionnel »; il est passion-
nel et précaire, non durable et responsable; c'est
ce qui explique, jusqu'à un certain point, la
méfiance et l'hostilité des patrons. Et puis, même
amélioré (et je ne doute pas qu'il ne s'améliore
peu à peu), il ne répond pas à tous les besoins.

Au cours de la discussion à laquelle je faisais
allusion tout à l'heure, M. Millerand a parlé avec
beaucoup d'autorité d'un type spécial d'organisation industrielle, à savoir l'organisation par
usine. Il la définit le « groupement d'ouvriers ou
d'employés qui se trouvent réunis par une communion d'occupations dans une même entreprise ». Il y a là un type, il y en aurait bien
d'autres selon qu'il s'agirait d'association par
localité, par aptitude, même par sexe, par région
industrielle, etc.

Mais, le fait même que l'on est encore à débattre ces questions prouve que ce à quoi il
faut songer d'abord, c'est à l'organisation elle-
même : une fois ce pas fait, le reste viendrait
par surcroît et la convention collective se déga-
gerait, naturellement, des mille modalités de la
profession organisée.

Cette convention ne serait ni simplement con-
tractuelle, ni brutalement légale ; mais tout uniment *professionnelle*, placée ainsi, selon la nature,
entre la loi générale trop large et le « parlementarisme d'usine » trop étroit.

La profession, en créant sa coutume, lui apporterait sa propre sanction. La règle établie à la
fois par l'usage, les habitudes et la discussion,
autorisée non pas seulement par l'accord des
volontés mais par l'adhésion tacite et permanente des participants actuels et futurs, cette
règle serait infiniment plus souple, plus ma-
niable et plus adéquate au problème que la loi
écrite.

Elle se moulerait, en quelque sorte, sur les
nécessités particulières et se modifierait, sans
cesse, en même temps que les conditions mêmes
de la production ; elle inspirerait les juges, dicterait
le verdict des experts et des arbitres. Elle serait
l'œuvre perpétuelle de ces « comités de salaire »

qui s'institueraient partout et qui seraient penchés constamment sur les besoins, les possibilités
et les urgences. Elle entourerait ainsi le travail
d'une atmosphère de paix, de même, qu'en l'état
actuel, il est entouré d'une atmosphère d'hostilité
et de lutte.

Donc, tout pour et par l'*organisation professionnelle !*

Par cette organisation, rien qui ne soit immédiatement facilité : participations, primes, retraites, salaire-assurance, de quelque nom que vous
baptisiez les futures combinaisons. Tant que les
masses ouvrières n'auront pas fait, sur elles-
mêmes, cet effort de discipline, de sagesse et de
volonté, elles n'auront rien fait et tout sera toujours à recommencer.

C'est donc un pli à prendre, une raison à se
faire, des réflexes à former, une tradition à invé-
térer. Pourquoi cet effort serait-il impossible en
France, puisqu'il a été possible ailleurs, et, notamment, en Angleterre ?

Le projet de loi de M. Doumergue n'est pas
éloigné d'entrer dans cette voie : à diverses
reprises, il fait appel « aux usages des lieux et de
la profession ». Ces usages, il faut les autoriser,
les débattre, les réglementer. Le traité de la paix

sociale en sera l'aboutissant naturel. Ce ne sera
ni tout à fait un contrat, ni tout à fait une loi,
mais une coutume autorisée : la coutume corporative. La loi et la jurisprudence n'auront plus
qu'à la consacrer et la faire respecter.

Les Grèves agricoles
Le Drame rural

———

« Le paysan abandonne les campagnes ! » C'est le cri universel. « Pourquoi s'en va-t-il ? Est-il plus heureux à la ville ? Ne regrette-t-il pas cet exode ? Resterait-il, reviendrait-il, s'il le pouvait ?... » Ces questions se pressent, en même temps, sur les lèvres de tous ceux qui s'intéressent à la vie publique. Et il n'y a qu'une seule et unique réponse : « Nécessité fait loi. »

Le paysan quitte la campagne parce que la campagne chasse le paysan. Elle le nourrit à peine, et, quand elle lui donne le pain, elle ne lui met que bien peu de beurre dessus. Il y a bien longtemps qu'il est question de s'occuper de la situation de l'ouvrier agricole. Certains incidents qui se sont produits sur des divers

points du territoire ont multiplié les sujets de
réflexion. Sans parler des événements du Midi,
qui ont flambé soudainement et se sont éteints
mystérieusement ; sans compter le trouble intime
de cette vaste région viticole penchée anxieuse-
ment sur le problème de « l'unité de culture », il
y a eu les grèves agricoles de la Brie, les conflits
ruraux de l'Oise, les grèves horticoles d'Hyères
et des environs. Partout aussi, fort heureusement, on a vu se dessiner un premier mouvement
de conciliation et de bonne volonté.

Si le rappel constant à la solidarité des classes
subsiste quelque part, en effet, c'est là. A la
campagne, la collaboration du travail et du capital n'est qu'une extension de la vie familiale.
Souvent, on vit encore « au même pot, feu et
château », comme disait l'ancien langage. En
tout cas, on est attelé, du matin au soir, au même
labeur, on arpente la même glèbe, on subit les
mêmes averses, on souffre des mêmes crises, et
si, par contre, le soleil rit, il rit pour tout le
monde.

Nulle part donc, il n'est plus naturel de rechercher une atténuation raisonnable et débattue aux
difficultés de l'existence commune et aux misères
qui sont le lot d'une trop grande partie de la
population laborieuse.

Malheureusement, la prudence et la bonne
volonté elles-mêmes ne sauraient y suffire, tant
le problème est varié et complexe. Il y faudrait,
en outre, une intelligence à la fois très vaste et
très pratique, — assez vaste pour embrasser
toute la politique mondiale, assez pratique pour
s'appliquer au plus minime détail, — il y faudrait une connaissance exacte des réalités et un
cœur généreux capable de battre au rythme d'un
beau rêve, — ce rêve ne dût-il jamais complètement se réaliser; ou, plutôt, ce n'est pas trop
de la collaboration réfléchie et prolongée de tous
pour venir à bout d'une telle tâche. Car, selon le
mot de Gambetta, à peine modifié : « Il n'y a
pas *une* question rurale, il y a *des* questions
rurales. »

La campagne française est un résumé de la
vaste terre : on cultive l'olivier à Nice comme à
Athènes, l'oranger au cap d'Ail comme à Blida,
la betterave à Abbeville comme en Allemagne,
le pommier en Normandie comme au Canada;
on fait l'élevage, dans le Perche et dans le Mor-
van, comme en Angleterre; on cueille le fruit
dans la vallée du Rhône, la fleur dans le Midi, les
primeurs en Algérie et en Bretagne; la vigne est
en France comme chez elle et les céréales em-
plissent les greniers aussi bien et mieux que

nulle part. Le bras et la main du paysan français
doivent suffire à ces labeurs divers. Et, trop souvent, ces labeurs trop variés ne l'enrichissent
pas !

C'est que, en effet, le résultat principal de
cette étonnante et admirable diversité, est l'éparpillement, sur un sol vaste et exigeant, de forces
inégalement et surtout irrégulièrement occupées.
De région à région, tout change : un tour de
main, traditionnel en tel point, devient inutilisa-
ble à six lieues de là; horticulteur, éleveur, scieur
de long, sarcleur de betteraves, chacun est attaché à son coin de terre, soumis à la méthode
locale.

Et puis, le travail lui-même suit le caprice des
saisons : tout à coup violent, surchauffé et prolongé comme l'ardeur sans repos d'une journée
d'été, parfois raccourci, recroquevillé et pauvre
comme la minceur obscure d'une journée d'hiver. Après des surmenages excessifs, des repos
forcés et énervants. « Il y a trop de bras l'hiver.
Le chômage est à l'état endémique chez les
ruraux » : voilà l'aveu de toute la province. D'où
cette échelle perpétuellement mobile des salaires,
qui, à leur tour, montent et descendent avec le
soleil.

Si l'on compare et si l'on rapproche les chiffres

des statistiques officielles, on est confondu de cette inégalité, qui, se promenant en quelque sorte sur le sol national, de région à région, de profession à profession, de saison à saison, s'élève pour un court temps à des salaires très rémunérateurs, peut-être jusqu'à six et huit francs par jour, pour tomber, trop fréquemment et trop longuement, hélas ! aux chiffres les plus dérisoires et les plus humiliants : 2 francs ou 1 fr. 50 par jour, — journée d'homme, non logé et non nourri !

Qui ne sent que si ces différences sont le résultat fatal d'une certaine « force des choses » devant laquelle on ne peut que s'incliner, elles tiennent aussi à l'éparpillement des populations rurales, à leur état inorganique, à l'espèce de résignation qui est le fond du caractère rustique, à l'emploi mal combiné des éléments divers qui concourent à la production? Qui ne sent qu'avec un peu plus d'application, de fermeté et de précision on pourrait faire autre chose, et faire mieux?

Ici, moins encore que dans la question du travail industriel, il ne s'agit nullement de découvrir un procédé unique, une panacée, fille de la théorie et de la doctrine ; cette panacée n'existe pas : la multiplication infinie des cas particuliers

suffit pour le prouver. Il faut donc procéder par
tâtonnements et mise au point, en conformant
le remède aux besoins, aux exigences, même aux
simples possibilités locales.

Ce qui est indispensable, avant d'entreprendre,
c'est de savoir où l'on va et de connaître d'avance
la limite pour ne pas s'élancer d'un élan trop
brusque, qui risquerait de casser tout ou d'être
ramené trop vivement en arrière par la Nécessité, maîtresse des choses, des personnes — et
même des syndicats.

En cette matière, plus qu'en toute autre, les
moindres erreurs ou défaillances sont guettées
par la concurrence. Le marché international est
vaste et sensible. Il est vigilant et astucieux.
Malgré sa puissance infinie, il est à la merci des
moindres entreprises d'accaparement, par suite
de la hâte inhérente au besoin pressant, urgent,
universel. Le ventre n'attend pas, et la spéculation
le sait. Toute modification au cours des comes-
tibles, et notamment du comestible par excellence, le blé, peut avoir pour corollaire subit,
imprévu, affreux, la panique et la famine. C'est
ici, surtout, que gouverner c'est prévoir.

Il faut donc que ces matières soient touchées d'a-
bord par des aptitudes capables de généralisation,
et c'est pourquoi je me félicite de la diffusion si

rapide en France des syndicats agricoles. Ici
encore, l'organisation vaut mieux que tout. Du
moins, trouve-t-on à qui causer.

Il existe, en France, actuellement, 3.883 syndicats agricoles, groupant près de 800.000 membres. On a beaucoup parlé et écrit au sujet de
certaines tendances et dispositions de ces puissantes sociétés. Ne mêlons pas trop la politique
aux affaires. Cette force existe; elle est légitime;
il ne saurait être question de se passer d'elle :
mieux vaut obtenir d'elle un concours efficace au
progrès. N'en doutons pas, elle saura comprendre
son rôle et son devoir.

Or, ce devoir — le premier devoir, le devoir
urgent — est évidemment de contribuer à assurer la paix rurale. Cela, le patronat agricole le
doit; il le doit au pays, il se le doit à lui-même.
Que les conditions d'existence du travailleur rural
s'améliorent, et ce sera profit pour tout le monde.
Les campagnes se repeupleront et la main-d'œuvre
se multipliera, si la vie y est plus douce. La
question du personnel doit donc être, d'abord, à
l'ordre du jour de toutes ces Unions. Faute de
cette émotion généreuse, elles se dessécheraient,
tel un corps sans âme. Il ne s'agit pas seulement
d'acheter des engrais; il faut semer, si l'on peut,
de la joie, c'est-à-dire, du bien-être et du bonheur.

Pourquoi prêcher des convertis ? Le mouvement existe. Il se manifeste, non plus par des paroles, mais par des faits. Déjà les questions de salaire, de protection du travail, de durée du travail, de confortable minimum (par exemple en ce qui concerne le coucher à l'écurie) et mille autres considérations de cette nature sont examinées par un sage calcul des voies et moyens. On fait plus : on commence à mettre sur pied l'organisation de commissions permanentes du travail agricole mixtes, c'est-à-dire comprenant à la fois des patrons et des ouvriers.

Sous cette forme ou sous d'autres, des organes de délibération et d'entente peuvent se multiplier rapidement et produire de bons résultats. Plus on se lèvera tôt, plus vite on ira au-devant, plus on mettra de bonne volonté, de sincérité, de bonne foi, et plus les chances d'arrangement raisonnable seront sérieuses et durables.

Mais, il faut le dire immédiatement, ces initiatives, si intelligentes et si utiles qu'elles puissent être, ne suffisent pas.

Il y a une vieille méfiance ancrée dans l'esprit de Jacques Bonhomme. Il voudra faire ses affaires lui-même. Déjà, il a mis la main à la pâte sur certains points, et il ne s'en est pas trop mal tiré, témoin ce remarquable effort des associa-

13

tions syndicales d'ouvriers agricoles et de bûche-
rons, dans la Nièvre et dans le Cher, étudié
amoureusement, si j'ose dire, dans la thèse de
M. L.-H. Roblin.

Et l'organisation elle-même n'est pas tout; il
y a d'autres procédés de soulagement mutuel et
d'entr'aide; les plus anciens sont les plus éprouvés et les plus sûrs, peut-être : il y a le métayage,
l'épargne, l'accession à la propriété... Là encore,
des transformations et des adaptations nouvelles
se produisent et se développent chaque jour.

La meilleure défense de l'ouvrier agricole c'est
encore la défense de la terre.

La Défense de la Terre

C'est en défendant la terre qu'on défendra le travailleur de la terre. Il est un point sur lequel tous les hommes d'État français, dignes de ce nom, ont toujours été d'accord : si la France veut conserver, parmi les peuples, le rang éminent que lui assurent sa situation et sa fertilité, il faut qu'elle veille, sans cesse, à la prospérité de ses cultivateurs et de ses paysans. Observation d'autant plus importante, à l'heure présente, qu'une rupture d'équilibre s'est produite, incontestablement, au profit des villes, du travailleur urbain, de la fortune mobilière.

Ce déplacement trop brusque est probablement la cause de la plupart des maux dont nous souffrons : difficultés sociales et politiques, gêne réciproque, crises régionales, dépopulation, dépression relative vis-à-vis de l'extérieur.

L'effort systématique qui, depuis des années, tend à détourner les capitaux et les intelligences des travaux de la terre, a, peu à peu, menacé les forces vives et anémié le corps de notre vieille France. Le sang a coulé, goutte à goutte, silencieusement, secrètement. Personne ne pouvait constater, ni même diagnostiquer le mal : la déperdition s'accomplissait dans chaque famille, dans chaque fortune particulière; et les veines se sont trouvées vides, tandis que les membres gardaient encore les apparences de la vigueur et de la santé.

Le bas de laine a crevé ses mailles; les belles pièces d'or sont tombées, une à une, et parfois en masse, attirées par la promesse de gros intérêts sans labeur; il s'est produit, pour la classe des propriétaires, ce qui est arrivé, jadis, à la noblesse de France, « allant à la cour en emportant ses champs sur ses épaules » : les nôtres ont mis leurs champs dans leur portefeuille.

D'après cet exemple, le paysan n'a plus admis, pour lui et ses fils, comme idéal suprême et but de toute une vie, « l'arrondissement » de l'héritage paternel. On a voulu des résultats plus brillants et plus rapides. L'épargne française a pris la direction que l'on sait. Chacun s'est préoccupé de l'équilibre international des richesses;

non de l'hygiène normale de son avoir particulier. La situation monétaire aux États-Unis est
devenue un souci pour le vigneron de l'Hérault !
Il s'est apitoyé sur les suicides de milliardaires, le
pauvre !

Questionnez un notaire, un juge de paix; ils
vous diront que, dans la moindre succession
rurale, il se trouve maintenant un paquet de
« valeurs » — ou de non-valeurs, comme vous
voudrez — avec des « titres », qui ne sont, trop
souvent, que de sonores promesses. Qui fera le
bilan des sommes qui ont été arrachées, depuis
un demi-siècle, à leur naturelle destination?

L'argent est parti. Étonnez-vous, après cela,
que les hommes soient partis, à leur tour, l'un
suivant l'autre. Ainsi, les campagnes se sont
trouvées à la fois appauvries et désertées.

L'agriculture est la première des industries
nationales. Elle manque de bras parce qu'elle
manque de ressources; il faut ramener vers elle
le capital qu'un vain mirage a séduit. A cela, des
mesures sociales et des mesures politiques
peuvent contribuer : je n'ai pas à m'expliquer ici
à ce sujet.

Mais ces mesures ne suffisent pas : il faut, en
outre, et surtout, de la part des capitalistes à

tous les degrés, grands ou petits, une connaissance mieux éclairée et plus profonde de leurs
intérêts, une appréciation plus exacte de la véritable sécurité et stabilité; la fortune se rapprochera de la terre et, avec elle, l'intelligence. Puis,
les bras reviendront, eux aussi. Par une collaboration efficace des trois agents de la production,
les choses reprendront leur cours normal conforme à la destinée et au génie de la France.

Donc, puisque l'absentisme fut le mal, pour
premier remède : la présence. Mais elle-même
ne suffit pas encore. Il y faut, en outre, de la
part du propriétaire, l'*assistance*, c'est-à-dire le
secours matériel, le secours intellectuel, le
secours moral. Une collaboration constante, une
aide bienveillante, — avec le sentiment et la
gratitude, non affectée, mais sincère, des services réciproques.

Il est un mot toujours présent à l'esprit du
paysan français, c'est le mot *féodalité* : qu'on
l'en efface une fois pour toutes! Tout propriétaire, tout employeur de bras s'est cru, longtemps, le seigneur et un peu le suzerain. Eh
bien, cela est fini, bien fini. Entre les deux
hommes, il y a collaboration, échange de services, voilà tout : seulement l'un dirige parce
que c'est son rôle de diriger.

Quand cela sera bien compris et bien entendu,
un grand pas sera fait. Écoutez le rapport si sage
de la Compagnie de Blanzy, à l'Exposition de
1889 : « L'ouvrier est émancipé et ne souffrirait
plus, aujourd'hui, que, *même pour lui faire du
bien*, on portât la moindre atteinte à son indépendance, dont il est fier et jaloux. La tutelle, si
bienveillante qu'elle puisse être, le révolte et
l'offense, comme un attentat à sa liberté... »
Ceux-là, pourtant, ne sont pas des socialistes!

Ce retour vers les campagnes est, d'ailleurs,
dans le courant actuel des choses. N'avons-nous
pas vu, récemment, qu'un prince de la maison de
Danemark se décidait à mettre la main à la charrue, — tel Cincinnatus. L'agriculture étant la
première industrie de son pays, ce prince, vraiment moderne, n'a pas hésité à prendre effec-
tivement la direction d'une ferme. Il va à l'œuvre
de son temps comme ses ancêtres jadis à la
mission de leur siècle : cultivateur comme ils
furent chevaliers.

En France, on dirait que l'on voit naître un
mouvement de même nature. L'encombrement
des carrières dites « libérales », les dissensions
politiques, les exclusions systématiques auront,
du moins, produit ce bienfait : comme il faut
vivre, une partie de la jeunesse se retourne vers

les carrières où l'indépendance paraît plus assurée et le labeur mieux récompensé : l'industrie
et l'agriculture.

Ces jours-ci, quelqu'un ne criait-il pas : « Sus
aux diplômes ! » J'ai vu des pères retirer leur
fils des études à la veille du baccalauréat en
disant : « A quoi bon?... » Le diplôme ne nous
lâchant pas, on le lâche. Qu'importe que nous
n'ayons plus de bacheliers, si nous avons des
hommes.

En reprenant, près de la terre, la position qu'il
n'aurait jamais dû quitter, le capital assurera, à
la culture, le caractère d'où dépendent, maintenant, son progrès et son avenir : il en fera, de
plus en plus, une *industrie;* les méthodes deviendront de plus en plus *industrielles.* Il exigera une
comptabilité bien tenue, des prévisions solidement établies, un calcul aussi précis que possible
des frais, des risques, des assurances, des bénéfices ; il aura une conscience, exacte et réfléchie
de l'emploi de cette *année de trois ans* qui est la
véritable année agricole; en un mot, il saura
prévoir et pourvoir. Ainsi, il gardera sa position
indispensable et inébranlable à l'égard de la
main-d'œuvre.

Le propriétaire ne sera plus l'être lointain qui

apparaît un jour pour partager le fruit et toucher le fermage : non, il sera l'associé, le directeur, le participant, capable de faire les sacrifices nécessaires et de conduire en sorte que tout marche pour le mieux, au profit de tous.

Présence, organisation, collaboration, telles sont les lignes générales; ces progrès auront pour contre-parties naturelles, au profit de l'ouvrier de la terre, la sécurité, le bien-être, l'épargne et, enfin, *l'accession à la propriété.*

Car, tel est le but suprême. Protéger la terre pour multiplier le propriétaire, tout est là. Du servage au salariat, du salariat au métayage ou à la participation, du métayage au fermage, du fermage à la propriété, telle fut la marche des choses, quand elle eut pour point de départ la conquête.

De la communauté au patrimoine indivis, du patrimoine au partage et à la propriété individuelle, telle est la marche parallèle, si on la suit dans l'évolution paisible de la société; de toute façon, l'objectif fut et sera toujours le même : la civilisation ne remontera pas le cours des siècles.

Donc, *la propriété démocratisée par l'organisation de la démocratie,* telle est, au point de vue rural, la formule qui résume la tâche de l'ave-

nir : elle se confond, d'ailleurs, avec l'œuvre plus
générale qui sera — tout porte à le croire —
l'honneur de notre époque : assurer l'harmonie
des labeurs et la juste répartition des bénéfices
par la science et dans la paix.

Le Conflit — La Défensive

Certes, il serait plus agréable de penser à
autre chose; mieux vaudrait s'abandonner à l'optimisme du sage Pangloss et à la quiétude du
« tout arrive, tout s'arrange ». Mais quand la
surprise de Draveil frappe à la porte, ébranle
la maison, comment ne pas s'émouvoir? La paix
civile a été gravement troublée hier; elle le sera,
peut-être, demain.

Cette organisation ouvrière syndicale, tant
désirée, est à peine née qu'elle s'affirme révolutionnaire. On comptait arriver, par elle, à la
délibération commune, aux conflits arbitrés, à
la pacification finale; on se heurte à la négation
et à la violence.

Faut-il renoncer aux espoirs si chèrement
caressés, ô Waldeck! Ou bien doit-on persévérer

à l'aveugle, dans la voie douloureuse où s'ameutent les mécomptes et les désillusions?

Même si la solution de la crise actuelle était ramenée à ce seul terme : *faillite du syndical*, elle n'en serait pas moins désastreuse. Le syndicat aboli, par quoi le remplacerait-on?

Ne serait-ce pas une anarchie pire que toutes les autres, celle qui jetterait, sur le marché du travail, une foule désillusionnée et surexcitée, sans chef, sans boussole, sans lendemain, ne connaissant d'autre discipline que la colère ou la faim? Est-ce pour cela que la philosophie et la philanthropie ont tant et si loyalement cherché, que des solidarités, des sympathies se sont développées, qu'une morale sociale plus douce est née au cœur de la démocratie?

Les réacteurs auraient donc raison, et l'histoire, dans ses alternatives impassibles, reverrait l'ordre s'asseoir entre l'obéissance et le silence?.., Si c'était là l'issue, quel découragement! La faillite s'étendrait à toute l'œuvre, à toute la pensée modernes. La vie ne vaudrait plus la peine d'être vécue.

Mais la perspective inverse est-elle plus souriante? Peut-on fermer les yeux et se boucher les oreilles? N'est-il pas évident que le mouvement gagne tous les métiers et s'étend sur toutes les

régions? A supposer même que le conflit ne soit
pas voulu et désiré, quand de telles foules
s'ébranlent, leur simple déplacement rompt
l'équilibre et prépare la catastrophe. Elles ne sont
plus maîtresses d'elles-mêmes, quand une fois
elles sont debout.

Des observateurs bien informés n'affirmaient-
ils pas que la journée de Draveil n'était qu'un
simple malentendu : « Les manifestants pensaient
que la grève avait assez duré; dans leur esprit,
la manifestation, toute de calme, mais aussi toute
d'énergie, devait être le signal de la détente et
la fin du conflit. (*Le Temps.*) » Cela prouverait,
tout au moins, qu'on ne lance pas impunément
les masses, sans cadres et sans mot d'ordre, sur
le chemin de la fatalité !

Les explications valent ce qu'elles valent : la
tête du mouvement n'en serait pas moins prise,
désormais, non plus par ceux qui entendent
obtenir, du libre débat, les bénéfices légitimes
réclamés par chaque corps de métier, mais bien
par ceux qui prétendent faire bloc de toutes les
aspirations et de toutes les passions pour enfon-
cer, d'un seul coup, l'actuelle société!

Tout révèle cette mainmise du parti révolutionnaire sur les organisations professionnelles :
les excommunications lancées contre les corpora-

tions qui résistent ou qui hésitent, les pressions
exercées suffisent pour faire preuve. Il y a tyrannie déclarée et acceptée. Cela se passe sous les
yeux du public. Avant-hier, on organisait la
« grève d'entraînement », la « grève grande manœuvre »; hier, c'était la « grève manifestation », la « grève avertissement »; demain — on
la prêche et on l'annonce — ce sera la « grève
expropriation », la « grève liquidation ».

Voilà le fait réalisé et l'avenir promis. Comme
le disait, ces jours-ci, un de ces rudes logiciens à
M. J. Jaurès : « Croyez-vous qu'une révolution
s'accomplisse sans qu'il y ait de la casse? »

La révolution ! Eh bien, si nous en sommes là,
mieux vaut le savoir. La révolution? Mais, c'est
l'affaire du gouvernement. La société attaquée a
pour devoir strict de se défendre. Elle est armée
et organisée en conséquence.

La situation actuelle est des plus claires : pas
un seul parti politique qui pactise avec cette
campagne. A force de rejeter vers la « réaction »
tous ceux qui ne trempent pas dans le complot
révolutionnaire, on a mis à la disposition du gouvernement la force maximum dont il puisse disposer.

Les journaux radicaux, les comités politiciens,

les syndicats sérieux, les bourgeois et petits
bourgeois, les propriétaires grands et petits, les
travailleurs non endoctrinés (et ce sont les plus
nombreux) font corps avec les institutions, l'administration, la police, l'armée et un ministère
qui, de M. Clemenceau à M. Viviani, ne peut
passer, tout de même, pour rétrograde et ennemi
du progrès.

Donc, s'il s'agissait réellement de révolution
violente, d'assaut de vive force livré à la société,
la société est avertie et elle se défendra.

Mais, nous n'en sommes pas là. A l'heure d'en
venir aux mains, combien de « militants » s'en-
rôleraient et braveraient les malheurs certains
pour un bénéfice aléatoire?

Seulement, il y a une menace plus immédiate
et de réalisation plus prochaine, assure-t-on.
Celle-là, le public en a subi les premiers effets,
en a éprouvé les premières appréhensions, et
c'est à cette menace qu'il faut parer et qu'il est
possible de parer en s'y prenant à temps. La
grève-expropriation, ajournée aux calendes grec-
ques, il reste la « grève-manifestation », la « grève-
intimidation » ; la grève qui veut faire peur, ou
du moins agacer, taquiner, décourager, celle dont
un avant-goût nous a été donné par la fantaisie des électriciens et de M. Pataud. Ils se sont

fâchés, à moitié, comme des enfants qui font une
niche. En éteignant les lumières, ils ont fait descendre la philosophie de la crise, du ciel sur la
terre. Ils ont joué à embêter M. Viviani. Ce qu'ils
ont dû s'amuser !

Cette grève-là, mi-partie ironique et sérieuse,
n'en est pas moins une répétition de la bonne
« grève générale », celle qui aspire au sabotage
de la vie commune et du tran-tran habituel.

Au jour dit, tout s'arrête : plus de pain chez le
boulanger, plus de lait à la porte de l'apparte-
ment, plus de légumes chez la fruitière, plus de
lettres, plus de journaux, plus de trains, plus de
cafés, plus rien ; rien de rien ; Paris, l'énorme
Paris, du Louvre aux faubourgs — que dis-je,
Paris et la France entière — seront comme le
palais de la Belle au bois dormant : les estomacs
seuls ne dormiront pas.

Cette grève et ses filiales, comme on dit, ont
un caractère bien déterminé : elles visent, *non
pas le patron, mais le consommateur.*

Le consommateur ! Ah ! il est bien le plus
patient, le plus docile, le plus résigné de tous les
êtres ! Depuis que l'on a inventé les conflits du
capital et du travail, c'est sur lui que tout
retombe et il accepte tout. Chaque crise se résout

en un accroissement du prix des choses, et il trouve cela tout naturel. Tondu, rasé, écorché, il est toujours content. Qu'on mette de l'eau dans son lait, du verre dans son pain, des épingles dans son matelas : il jubile. Au jour de la grève et du *lock-out*, le prix de la vie s'est accru dans des proportions formidables : il ne se tient pas d'aise. Il paye et il chante, comme disait Mazarin. Sous l'ancien régime, on l'appelait Jacques Bonhomme ; maintenant, c'est Gogo, Gribouille, Cadet-Rousselle : il paye toujours.

Les bateaux-mouches sont en grève : il prend l'omnibus et paye six sous au lieu de deux sous. Voilà qui va bien ! Les cordonniers sont en grève : il paye vingt-cinq francs ce qui valait dix-huit- Parfait ! Les entrepreneurs ont décidé le *lock-out* du bâtiment ; on ne peut plus circuler dans les rues ; les chantiers du Métropolitain, du Gaz, des égouts sont fermés. Exquis ! Le client du Métropolitain, du Gaz et du Tout-à-l'égout attendra. Il attendra (vous m'entendez bien), jusqu'à ce qu'il plaise à ces messieurs de se mettre d'accord ; et, finalement, il paiera beaucoup plus cher l'agrément retrouvé de ses petites commodités.

Donc, le consommateur est, par définition, une bête de somme. Pourtant, il a une force dont il lui suffirait d'user pour que tout rentrât dans le rang. Car il est le nombre. Oui, ce pelé, ce galeux, cet être méprisé et méprisable, qui se laisse jouer, berner, duper, il est ce qu'il y a de plus puissant : il se nomme *Tout le monde*. Le consommateur, c'est vous, c'est moi, celui-ci, celui-là, tous, vous dis-je, et même il se confond avec cet autre, auquel il a tiré le chapeau jusqu'ici : Monsieur le Producteur !

— « Monsieur le Producteur ! Vous et vos pareils, vous finissez par m'échauffer la bile » !

Le jour où le consommateur dira ceci à son confrère en le regardant dans le blanc des yeux, ce jour-là, il y aura quelque chose de changé, vous pouvez m'en croire ; et, de cette journée, au train dont on nous mène, vous verrez bientôt lever l'aurore.

Organisation des métiers,
Lock-out patronal,
Grève ou sabotage du travail,
voilà l'attaque ;

Organisation des acheteurs,
Lock-out de la clientèle,
Grève ou sabotage de la consommation,
voilà la défense !

Les quartiers, les groupements, les besoins

similaires, traqués par la nécessité, sauront bien
aussi trouver leur tactique ; des comités d'action
et de propagande naîtront du péril, comme on a
vu des sociétés d'abonnés au téléphone se constituer, à bout de patience. Les abonnés au sec-
teur électrique sauront, s'il le faut, résilier par
masse leurs contrats avec les compagnies et
vivre à la chandelle, pour avoir le dernier mot.
Quant aux compagnies, elles prendront leurs
précautions ou chavireront : c'est leur affaire.

La puissance de l'acheteur, c'est l'argent. Il se
groupera par la souscription, comme les autres
se groupent par la coalition. Il y aura aussi des
« campagnes », des « grandes manœuvres » et
des « mots d'ordre » — de la discipline, en un
mot.

Quand, une fois, il sera entendu que la clientèle ne se procurera la marchandise ou le service que dans des conditions, sinon dictées, du
moins débattues par elle ; du moment où elle se
surveillera elle-même, parera aux difficultés
immédiates par une action vigilante ; si elle sait
créer, au besoin, des réserves et des approvi-
sionnements pour repousser l'assaut de la « grève
générale », en un mot, si la consommation se
met sur la défensive, puisqu'elle est attaquée si
témérairement, alors, l'offensive de messieurs

les vendeurs — ouvriers, patrons ou intermédiaires — trouvera à qui parler.

Le consommateur est à bout, — voilà la vérité !
Si les producteurs l'ignorent, qu'ils l'apprennent.
Ça, c'est « l'avertissement » ! Ils rient, ils plai-
santent, ils n'y croient pas. Ils accablent, de
plus en plus, la pauvre bourrique qui plie sous
le faix. Attendez ; son tour viendra. On riait aussi
de vos organisations ; on en tremble aujourd'hui.
Elles ont mis sous le joug le consommateur qui
n'en peut mais. Tout a une fin. Il a bon dos ; mais
il tient le bon bout. Et, s'il le veut bien, il aura
le dernier mot.

Le Consommateur

La question du « Consommateur » est posée, et
je crois que tout le monde devra s'en féliciter;
non seulement le consommateur proprement dit,
c'est-à-dire le client, quand il met la main à sa
« profonde », mais aussi le producteur, puisque,
en somme, ils ne sont qu'un.

Si le consommateur a en poche cette puissance d'achat qui lui permet de se présenter
chez le marchand, cette ressource n'est-elle pas
le résultat d'un travail, d'une production quel-
conques?

Le problème serait des plus simples si nous en
étions encore au temps des primitifs échanges :
« Donne-moi d' quoi qu' t'as, je te donnerai
d' quoi qu' j'ai ». Mais la civilisation, c'est-à-dire
le progrès, a compliqué les choses, et il faut,

maintenant, quelque application pour s'y reconnaître.

Le but à atteindre, parmi les fluctuations incessantes de l'offre et de la demande, c'est l'équilibre des forces sociales. La recherche de cet équilibre : voilà, peut-être, la meilleure définition du socialisme.

On a dit que la santé était l'équilibre des fonctions organiques; tant qu'on peut le maintenir, on vit; quand il est rompu, on meurt. Ainsi, du corps social; il sera sain si toutes les forces tendent à assurer l'équilibre, et malade si elles tendent à le détruire. La prédominance abusive d'une des parties sur l'autre crée la tyrannie économique, — la plus intolérable de toutes. Quand elle menace, il est permis de crier gare.

Théoriquement, l'offre et la demande, la vente et l'achat, sont seuls en présence et en lutte : en fait, un tiers s'est glissé entre eux, l'intermédiaire. Son rôle est loin d'être inutile, puisque, sans lui, les deux parties principales s'ignoreraient, le plus souvent. La fonction qu'il remplit est donc indispensable, mais elle complique.

Quoi qu'il en soit, c'est avec ces trois figures, ces trois cartes, que se joue toute la partie économique et sociale.

Il est évident, en effet, qu'avant qu'il y eût
une production quelconque parmi les hommes,
c'est-à-dire une aptitude à transformer les choses
de la nature, il y avait l'usage direct des choses
naturelles elles-mêmes. Notre père Adam goûta
des figues, et notre mère Ève des pommes, avant
de faire, l'une de la pomme une séduction, et
l'autre de la feuille du figuier un vêtement. A la
seconde génération, Caïn bêchait la terre, et
c'est seulement à la troisième génération que
parut, comme dit le poète, « Tubal-Caïn, père
des forgerons ».

Aussi, les premiers socialistes modernes,
convaincus de la nécessité de subvenir, avant
tout, aux besoins de la vie, se sont-ils occupés,
d'abord, du problème de la consommation : étant
des simplistes, ils la voulaient commune de même
que la propriété, c'étaient les *communistes;* les
collectivistes, ou organisateurs du travail, ne
vinrent qu'après.

La politique, à cette époque, c'est-à-dire vers
le milieu du xixᵉ siècle, la politique avancée,
la politique radicale et démocratique, n'avait
qu'un mot à la bouche : soulager le consommateur.

A partir de 1848, la défense du consommateur
est l'objectif de tous les partis qui se réclamaient

de l'intérêt du peuple, y compris le parti bona-
partiste. Abaissement des droits des douanes,
libre concurrence, suppression des contributions
indirectes : ce qui frappait l'acheteur pauvre était
un mal à détruire dans la racine. Avant tout, *la
vie à bon marché.*

Soudain, le socialisme change son fusil
d'épaule. Il prend fait et cause pour le producteur : le collectivisme est né.

La seule liberté qu'on revendique désormais,
c'est la liberté d'association. La méthode politique nouvelle est la protection. L'État, mettant
sa force à la disposition des producteurs, va
droit devant lui, sans trop s'inquiéter de la
conséquence fatale de son intervention, le renchérissement général des prix.

Sur les mérites comparés des deux systèmes,
on disputerait jusqu'à la fin des siècles... Ce que
j'ai voulu établir, en évoquant cette histoire,
c'est qu'aucune thèse n'est absolue et qu'à tout
il y a une limite. Cette limite est imposée, en
matière d'échanges, par les besoins de l'existence et « le droit à la vie », c'est-à-dire la tolérance du consommateur. Si on charge trop la
bête, elle succombe. Les producteurs seront bien
avancés, si leur Société, qui doit avoir toutes
les perfections, meurt.

Dans l'état actuel des choses, les consommateurs n'ont recouru que rarement à l'association,
— le jeu de la concurrence les ayant suffisam-
ment défendus. M. Fournière dit : « Le consommateur est isolé par définition. » Cependant, déjà,
la règle comporte de nombreuses exceptions ; et,
si l'on exige trop de lui, la faim fera, décidé-
ment, sortir le loup du bois.

L'idée est dans l'air. Il ne faudrait pas beaucoup d'essais comme les grèves frappant le
consommateur ; il ne faudrait pas que de telles
fautes contre la solidarité sociale se multipliassent,
que ces « grandes manœuvres » — qui sont de
fausses manœuvres — se répétassent trop souvent, pour que le public, se sentant visé, se mît
sur ses gardes.

On me fait un reproche ; on me dit : « Comment pouvez-vous pousser à cette organisation
de la consommation ? N'est-ce pas un nouvel élément de discorde ajouté à tant d'autres ? Ne
trouvez-vous pas la situation assez critique ?
Quel avantage à préparer d'avance une mobilisa-
tion en vue de conflits qui, peut-être, ne se produiront pas ? »

Constater le mouvement n'est pas le susciter ; ce n'est pas créer le péril que le signaler. D'ailleurs, ma réponse est simple : j'ai foi

en l'organisation. De part et d'autre, l'organisation ne peut amener que de bons résultats.

Laissons l'association des producteurs jeter sa
gourme, — non sans l'avertir des imprudences
qui peuvent la compromettre, — mais comptons
qu'elle se guérira d'elle-même, sinon qu'elle sera
guérie par la leçon des faits. Un jour viendra où
le syndicat, en France comme à l'étranger, s'apercevra qu'il a un autre rôle à jouer que de s'exercer
à « faire peur au bourgeois ». Quand on possède
une autorité réelle, on ne la gaspille pas en
démonstrations vaines. Dès que l'association des
travailleurs sera maîtresse de sa volonté et de
ses nerfs, elle s'imposera par sa revendication
justifiée et par les armes légales.

Ce jour-là, l'existence d'une contre-partie, formée par certains groupements de consommateurs, ne serait pas un mal, au contraire. Quand
on est deux, « on cause ». Que dis-je, *deux* ? On
sera trois ; car il faudra bien admettre au conci-
liabule ce tiers inévitable : le patron, l'intermédiaire.

Je n'ai pas besoin d'insister pour prouver que
les associations de consommateurs ne sont pas
fatalement antagonistes aux associations de producteurs. Se composant de la même humanité

souffrante, elles sont l'une à l'autre, comme le vêtement et la doublure. Leur intérêt est identique et, ce dont je me plains, c'est qu'on l'oublie.

Même pour le succès de la revendication socialiste, cette collaboration est nécessaire; et c'est pourquoi il ne faut pas la décourager d'avance, en refusant à l'une des parties voix au chapitre. N'a-t-on pas cité l'exemple de ce restaurateur américain qui, ayant refusé de payer son personnel au tarif syndical, y fut contraint par une véritable grève de ses clients, prenant parti pour ses employés ?

Un fait considérable se produit, à l'heure présente, qui ouvre la voie aux discussions équitables et doit contribuer à l'amélioration des rapports respectifs : partout se constituent des *Ligues sociales d'acheteurs*. Elles ont eu, à Genève, leur premier congrès international dont l'objet principal est d'étudier « le rôle des consommateurs en face des conflits industriels » ; et le but, proclamé par le remarquable exposé de Mᵐᵉ H. Brunhès, est de provoquer, de la part des consommateurs, une intervention dans les conflits du travail pour adoucir le sort de l'ouvrier. Rien de plus topique ; je ne pense pas qu'on puisse accuser ces ligues de pousser à la guerre civile.

Production active et réglée, consommation abondante et ménagée, équilibre des deux forces par un débat continuel et compétent, telle me paraît devoir être la plate-forme sérieuse des futures évolutions sociales. La répartition des produits du travail — la troisième des revendications socialistes — se fera, ainsi, dans la paix. Toute violence qui prétend précipiter l'impulsion la retarde : la raison, l'histoire, l'expérience le prouvent : les Gracques sont les pères avérés de la servitude romaine.

Le consommateur et le producteur, ayant à s'aboucher pour s'entendre, qu'ils s'organisent, rien de mieux. Mais pas de procédés occultes, de manœuvres d'intimidation, de coups de violence et de surprise. Les grandes transformations ne se font pas d'un coup de baguette : le temps des miracles est passé.

La véritable panacée de notre âge, c'est la lumière; il n'y a qu'une force invincible, celle de l'opinion. De même que le commerçant ne peut plus tromper le client, averti par le cours public de toutes choses, de même le producteur n'en imposerait pas longtemps au consommateur. L'équilibre ne se trouvera pas autrement que par une combinaison bien ajustée et jointoyée des efforts et des intérêts communs : cela ne s'im-

provise pas; et c'est à quoi serviront, précisément, les organisations économiques, se subordonnant, bien entendu, à la plus puissante et à
la plus indispensable de toutes, l'organisation
nationale, — l'État.

Lettre à mon Facteur

Paris, le 10 mai 1909.

Monsieur,

Vous me remettez si souvent des lettres que vous me permettrez de vous en adresser une.

Je voudrais, vous le pensez bien, vous parler de ce qui est à l'ordre du jour, c'est-à-dire de la grève dont vous et vos camarades nous menacez depuis quelque temps. La question m'intéresse tout autant que vous : comme contribuable, je paye, et comme consommateur, je ne serai pas payé : cela me donne voix au chapitre.

Donc, si vous proclamez la grève, mon courrier ne me sera pas distribué. C'est une perspective à laquelle je suis résigné. Je ne serai pas, d'ailleurs, sans consolation : votre boîte m'apporte, chaque jour, quelque demande de recommandation émanant, comme par hasard, de quel-

qu'un de vos camarades, les fonctionnaires.
Quoique non parlementaire, je me fais un devoir
de répondre et d'écrire à « l'administration com-
pétente » : ci, deux lettres, ou plus. Si vous faites
grève, moi aussi. Nous nous reposerons ensemble.
Les solliciteurs attendront.

Comme nous serons de loisir, vous me direz,
peut-être, en fumant une cigarette, les vrais motifs du « mouvement ».

Franchement, pour le gros public, c'est matière
un peu obscure. Que voulez-vous, au juste? De
quoi vous plaignez-vous? Dans les listes de vos
revendications et dans les discours éloquents de
vos délégués, c'est à peine s'il est question des
sujets qui provoquent les grèves, ordinairement :
relèvement des salaires, diminution du travail,
meilleure répartition des bénéfices, etc. Le statut
des fonctionnaires lui-même vous paraît quantité négligeable.

Votre grief principal serait, si je comprends
bien, que M. Simyan ne vous plaît pas. Il vous a
traité cavalièrement. On vous a promis sa tête.
Vous voulez l'avoir, vous l'aurez; ou, alors, je ne
recevrai pas mon courrier...

Généralisons : Postiers, facteurs, ambulants,
demoiselles du téléphone, messieurs du télé-
graphe se plaignent de ne pas être traités comme

ils le méritent. Il faut les croire. On ne peut admettre, en effet, que tant de gens raisonnables s'ameutent pour nous induire en erreur. Mieux vaut souffrir dans nos commodités particulières que de ne pas lutter contre un mal qui frappe un si grand nombre de nos concitoyens.

Tout tyran est insupportable, s'agit-il de M. Simyan. Quand c'était Louis XIV encore!... Mais ce parlementaire!... C'était bien la peine de prendre la Bastille! Dans un pays d'égalité, obéir est une souffrance intolérable. Les postiers et les postières sont ou ne sont pas des *hommes* libres; ils ou elles n'obéiront que s'il leur plaît d'obéir et à qui il leur plaît. Voilà!

Mais, justement, c'est là le *hic!*

M. Simyan abuse, j'y consens. Sa présence est odieuse à tant de braves gens : ceux-ci ont sans doute raison. Mais M. Simyan n'en est pas moins l'*État*.

Oui, comme son prédécesseur Louis XIV, M. Simyan peut dire, et il dit : « L'État, c'est moi! » De manière qu'il n'y a pas à barguigner. Il faut lui obéir ou s'en aller. Il est l'État, il est la loi, il est la nation, il est tout.

Tout; l'ordre social est enveloppé dans sa redingote et résumé en sa quelconque personne. S'il cède, tout craque.

Vous entendez, mon cher facteur : M. Simyan, votre ennemi personnel; M. Simyan, votre chef détesté; M. Simyan voudrait se débarrasser de cette tunique de Nessus, il voudrait céder, disparaître, démissionner, qu'il ne le pourrait pas. Sa fuite emporterait ce qui reste, dans ce pays-ci, de la convention sociale. Avez-vous compris? M. Simyan est représentatif, il est énorme, il est historique, il est légendaire. Vous lui avez élevé ce piédestal. C'est précisément parce qu'il est si peu de chose, si petit, si mince, que, s'il s'en va, après lui, il n'y a plus rien !

Monsieur le facteur, vous posez, en somme, la vieille question débattue dans le monde et dans la société depuis qu'il y a un monde et une société, à savoir où est la limite de l'autorité publique, qui doit commander, qui doit obéir? Depuis Moïse jusqu'à Montesquieu, en passant par Platon et par saint Thomas, tous les grands esprits s'y sont épuisés. Ah! vous n'y allez pas de main morte; quand vous vous en mêlez, vous poussez jusqu'au bout de la logique; vous ne perdez pas de temps à la distribution.

Certes, votre cause est une grande cause... Mais, voilà, il faut la gagner! M. Simyan, en tant que personne, a tort, peut-être; mais, en tant que sous-secrétaire d'État, il m'apparaît

invincible, indestructible, indécrochable, indéra-
cinable, indéfectible, comme dit notre président
Fallières. Le pouvoir a beau être conciliant,
émollient, bénin, il est, tout de même, le pouvoir.
Les fonctionnaires de l'ancien temps le savaient
bien : comme la femme dans les bons ménages,
ils obéissaient pour commander. Ce n'est pas
votre méthode. Vous prétendez résister, mais je
ne crois pas que vous ayez les atouts dans votre
jeu et je vais vous dire pourquoi.

En vous élevant contre l'État, vous vous élevez
contre vous-mêmes; en déboulonnant Simyan,
vous vous déboulonnez; avez-vous réfléchi à
cela?

Nous vivons, en France, sur l'idée que rien ne
peut marcher sans le fonctionnaire, et c'est cette
idée qui fait la puissance colossale, prodigieuse,
absurde de tout ce qui, dans ce pays, touche à
l'autorité publique. Vieil atavisme, dont il est
facile de retrouver l'origine.

Parlons *postes*, puisque *postes* il y a. Quand le
bon roi Louis XI s'avisa de faire galoper sur les
routes royales, pavées pour la première fois
depuis la chute de l'empire romain, quand il
s'avisa de faire galoper à des dates fixes les cour-
riers porteurs des dépêches officielles, et auxquels
furent confiées bientôt les dépêches privées, tout

était encore en désarroi dans le pays. Les routes
étaient infestées de brigands et de ces dangereux
traînards de la guerre de Cent ans qu'on appelait
précisément *routiers*. Le bon fonctionnement du
service, qui parut un grand bienfait, n'était possible que si tout le poids de l'autorité publique
venait à son aide. Le « courrier » était muni de
parchemins, de passeports et de brevets; il arbo-
rait un panache, faisait sonner sa trompe pour
qu'on s'écartât devant lui, revêtait un uniforme
étincelant, portait la cotte de mailles, l'épée au
flanc, et ne bougeait qu'entouré d'une solide
escorte. Le moindre « ambulant » d'alors était
autrement imposant que M. le sous-secrétaire
d'État d'aujourd'hui, lui-même, dans sa gloire !

Les temps sont changés; les routes sont sûres;
les chemins de fer font le métier de la vieille
malle-poste remisée. Le facteur a dépouillé les
bottes cavalières, la cuirasse et le hoqueton; il a
même déposé sa modeste casquette galonnée et
on a autorisé, ces années dernières, le chapeau
de paille et le veston de coutil.

Il est devenu un citoyen comme tout le monde,
parce que la poste est un service comme les
autres. Il n'y a plus besoin du grand nom de
l'État pour donner la sécurité, — tout au plus
lui demande-t-on l'ordre et l'exactitude.

Et c'est là le point; l'État va-t-il continuer à assurer certains services qui pourraient fonctionner sans lui, ou bien passera-t-il la main? L'État n'est pas plus le distributeur indispensable des lettres et des télégrammes qu'il n'est le distributeur indispensable des eaux, du gaz, de l'électricité; pas plus qu'il n'est le distributeur indispensable du blé et des subsistances, comme il l'a été si souvent autrefois.

Donc, la question se pose, elle est posée par les facteurs eux-mêmes, mon cher facteur. Telles sont les deux cornes du dilemme qui, de toutes façons, se résoudra contre vous : ou l'État postier faisant bien son service, ou l'État faisant mal son service, mais pas postier. Deux ou trois expériences comme celles-ci, et, soyez-en sûrs, on trouvera autre chose.

Déjà, la grande fraction de l'État à laquelle vous faites appel, l'opinion, le public, ce public immense qui s'est habitué à recourir à vous, mais qui, s'il souffre, saura se passer de vous, déjà cette grande fraction de l'État s'émeut. Vous êtes quelques centaines de mille : ils sont quarante millions! Les quarante millions, c'est-à-dire tous ceux qui versent, si bénévolement, deux sous par deux sous, les sommes énormes qui constituent votre budget, tous ceux-là se remuent et s'agitent.

Ils ruminent une grève bien plus formidable
que la vôtre, la grève des consommateurs. Si le
trouble continue, si l'on revient au désarroi
ancestral, si les lettres n'arrivent plus, voilà,
mon cher facteur, ce qui arrivera : les corporations, les unions, les groupements particuliers se
reconstitueront, non pas pour vous, mais contre
vous. Ils chercheront des méthodes et des voies
nouvelles, et ils les trouveront. La nécessité est
ingénieuse, surtout quand elle a pour complice
le nombre.

Des organisations puissantes se mettront à la
tête du mouvement, des intérêts s'ingénieront,
des concurrences se produiront et s'exciteront
l'une l'autre ; l'amour-propre, la lutte, le goût du
nouveau, la satisfaction d'être libéré des servitudes officielles, tout s'en mêlera.

On s'apercevra, en un mot, qu'on peut se
passer des fonctionnaires, et, quand ce résultat
sera obtenu, ce sera pour toujours. On travail-
lera à la séparation des Postes et de l'État, —
beaucoup plus facile que l'autre. Et quand une
loi, une mesure quelconque aura ratifié l'œuvre
des faits, quand l'activité particulière aura trouvé
ce nouveau débouché, il y aura, dans le public
payant, asservi depuis si longtemps, un soupir
de soulagement ; il aura brisé une chaîne de plus,

et les choses n'iront pas plus mal que dans l'ère de secousses et d'à-coups qui vient de s'ouvrir.

Ces vestiges du passé que représentent votre uniforme, votre casquette, votre hiérarchie et vos retraites, tout cela disparaîtra comme choses vieillies, usées, rancies, surannées. Vous aurez poussé le bras à la destinée qui hésitait. M. Simyan disparaîtra aussi, bien entendu ; mais il ne s'en ira que le dernier. De quelque nom qu'il s'appelle, vous n'aurez raison de lui qu'en vous sacrifiant vous-mêmes.

Pour moi, sans tant d'affaires, j'aime mieux vous garder, mon cher facteur, et j'attends avec confiance, sur ma porte, l'apparition journalière de votre bonne figure moustachue m'apportant mon courrier.

La Réponse de mon Facteur

Paris, le 26 mai 1909.

Monsieur,

Eh bien, vous le recevez, votre courrier! Ce n'était pas la peine de faire tant d'histoires : vous êtes comme les anguilles de Melun, qui crient avant qu'on les écorche. Les voilà bien les journalistes! Ils exagèrent. Un chien écrasé, c'est une révolution!...

Nous avons échoué, c'est vrai !... Le camarade Marmonnier a parfaitement expliqué pourquoi : nous avons échoué « parce que nous sommes trop romantiques ». Victor Hugo! Lamartine !... Que voulez-vous, on a des lettres.

Les phrases et les phraseurs nous ont perdus. Nous n'avons pas compris que, puisque le duel était entre nous et Simyan, il ne fallait pas nous en prendre au public. Nous avons fait comme le cocher de fiacre : « Tu tapes sur mon bourgeois, je tape sur le tien! » Pour une fois, le bourgeois s'est rebiffé. Il n'a pas voulu être battu pour une querelle qui n'était pas la sienne. Comme tout le monde était contre nous, il a fallu céder et rentrer dans le rang.

Maintenant que les choses sont remises en l'état, que l'enthousiasme est tombé et que l'on peut causer, causons. Nous avons eu tort, mais nous n'avons pas eu tous les torts : voilà ce que je voudrais vous expliquer. Nous nous sommes trompés sur la tactique et sur la procédure peut-être, mais nous avons nos excuses sur le fond : vous allez voir.

« Simyan, c'est l'État », dites-vous; et vous ajoutez : « L'État, c'est tout le monde; donc, la cause de Simyan, étant la cause de l'État, est la cause de tout le monde. On ne peut toucher à l'un sans toucher à l'autre. Tant qu'il y aura un État, Simyan est inviolable. En déboulonnant Simyan, vous vous déboulonnez vous-mêmes. » C'est bien cela?

Et moi, simple facteur, je réponds : serviteurs de l'État, nous voulons bien; esclaves de Simyan, non, non et non! Puisque nous sommes vaincus, nous plierons l'échine, nous avalerons notre salive; mais nous garderons notre opinion.

Personnellement, je n'en veux pas à notre sous-secrétaire d'État. Je n'ai à lui reprocher en ce qui me concerne ni injustice ni passe-droit : il ne me connaît pas. Je suis un bien modeste rouage de la puissante machine.

Vingt-sept ans de services, la moustache grise, bon dossier, bonnes notes, pas de fiches; ma femme encore valide et qui travaille, les mioches quasi élevés, je n'attends rien de personne. Quand l'heure de la retraite aura sonné, j'irai planter mes choux.

Mais, vous l'avez dit vous-même, Simyan, c'est un mythe, c'est une abstraction; en parlant de lui, je parle de ce qu'il représente et dont nous souffrons, — c'est-à-dire de l'arbitraire.

Voilà le mot lâché. Les camarades et moi, nous sommes cruellement blessés d'être livrés sans défense au caprice de ce que vous appelez l'autorité, et qui n'est, trop souvent, pour nous, qu'une coterie.

Nous voulons bien obéir à l'État, mais à la condition que tous soient égaux dans l'État. Pour que les fonctionnaires servent de bon cœur, il faut que leurs titres et leurs mérites soient équitablement appréciés. Or, la faveur a tout envahi. Nous réclamons contre la faveur, et nous réclamons le droit, notre droit : est-ce trop exiger ?

Mettons que nous avons crié trop fort ; mais, comment nous faire entendre ? Nous en appelons au public — maladroitement puisque nous le lésons ; pourtant, c'est aussi sa cause. Il sera mieux servi s'il l'est plus humainement.

Voilà ce que nous voulions dire et faire comprendre. En vérité, si nous y sommes parvenus, la misère des six cents camarades révoqués n'aura pas été en vain. Ils auront payé pour adoucir le sort des autres. Dommage ! Car, sauf quelques suspects et hurluberlus, ils ne sont pas plus mauvais que les camarades. Ils n'ont pas eu de chance, voilà tout. Comme il faut une discipline, ils paieront. Mais que, du moins, leur sacrifice serve à quelque chose !

Nous ne nous sommes pas insurgés contre l'État, comme vous le dites ; nous nous sommes révoltés contre des abus.

Vous vous plaignez de recevoir des demandes de recommandation. Et nous, est-ce que vous croyez que ça nous est agréable de les écrire ? Chacun a sa fierté. Certes, nous aimerions mieux ne rien devoir à personne. Mais, puisqu'on n'arrive plus autrement ; puisque du haut en bas de l'échelle, il n'y a plus que le piston, en avant la musique... Étonnez-vous, après cela, d'aboutir à une vraie cacophonie.

L'État n'est rien s'il ne représente pas la justice, et voilà ce que nous réclamons de lui.

Si, dans chaque service public, on trouve embusquée une bande qui, comme les anciens féodaux, vous fait payer, d'une façon ou de l'autre, un droit de passage ; si quelques-uns ont mis l'embargo sur les affaires de tous ; si la moitié du pays doit désespérer jamais de le servir et si, même avec des sentiments formellement dévoués au régime, il faut s'incliner très bas devant quelqu'un qui n'est pas très haut, rien ne va plus. A force de serrer la vis, on arrête les engrenages.

Si les meilleurs sont mis hors la loi; si les godelureaux à peine sortis du surnumérariat sont bombardés aux hauts emplois; si nous retrouvons les fils à papa, avec d'autres papas, mais toujours aussi âpres à la curée, alors, les braves gens qu'on nourrit de couleuvres et de protestations vaines se fâchent et ils crient. Ils ont tort et, en serrant la vis davantage, on les empêchera de crier. Ils se tairont; mais prenez garde, cela aussi a son péril. Les fonctionnaires doivent le respect à l'État, mais l'État doit des égards aux fonctionnaires. C'est donnant donnant, ou plutôt, comme on dit, *partie liée.*

Parce que nous avons voté la grève et que nos

meneurs l'ont laissée verser follement (ou peut-
être trop savamment) dans la révolution anarchique dont nous ne voulons pas, avons-nous
donc perdu tout recours?

Les 30.000 personnes qui, d'un commun
accord, adhéraient aux premières résolutions,
agissaient-elles sáns motifs et sans raison? On
leur opposait le refus sec d'une autorité alternativement maladroite et apeurée. Croyez-vous
qu'il n'y ait rien de plus à faire?

On nous parle du « statut des fonctionnaires »,
on vante les futurs « conseils de discipline ». Bon!
ne devinons-nous pas, d'avance, de quoi ils
seront composés? Même élus, ils seront encore
les fils de la coterie. Elle a tout envahi, tout
occupé, tout dégradé. Les plus crânes aujour-
d'hui seront les plus soumis demain.

La force de l'administration n'est pas dans les
lois et dans les règlements. Elle est en elle-même,
dans sa loyauté, dans son équité, dans la fermeté de ses chefs, même à l'égard des influences,
quelles qu'elles soient; elle est dans une indépendance réelle vis-à-vis des partis qui ont abusé
de nous et dont nous ne voulons plus être les
instruments.

Qu'on nous tienne donc en dehors des luttes et
des compétitions pour le pouvoir et nous ferons

notre devoir. On nous excite et on nous abandonne. Qu'on nous laisse à nos boîtes, à nos fils et à nos appareils, les choses n'en iront que mieux pour tout le monde. Je vous ai signalé le mal, aurez-vous le courage de le dénoncer? Nous voulons *la justice*. Un point, c'est tout.

Monsieur, puisque vous écrivez des lettres, écrivez-en donc une à M. Simyan. Notre cause n'a pas su se défendre, peut-être, parce qu'elle n'a pas trouvé un avocat. Si ce sont des tuyaux qui vous manquent, on vous en fournira; ma boîte ne chômera pas, soyez-en sûr, et vous recevrez votre courrier ponctuellement.

Quand vous aurez écrit votre missive, confiez-la-moi. En voilà une qui ne sera pas sabotée!

UNE RÉFORME POLITIQUE

La R. P.

Le projet tendant à établir la « représentation proportionnelle » n'a pas réussi devant le Parlement, le débat est reporté devant le pays. On peut donc émettre une opinion sans attenter à la majesté de nos législateurs. La question reste en suspens ; elle est sur l'Agora ; il est permis au peuple d'en délibérer.

D'expliquer à celui-ci le mécanisme de la « proportionnelle », ce n'est pas mon affaire. Il y aura des augures pour cela. En ce moment, je crois que tout le monde est comme moi ; on voit quelque chose, mais on ne distingue pas très bien. Faire comprendre à la masse des électeurs ce procédé savant par suite duquel les minorités seront des majorités, ou, du moins, entreront dans le compte des décisions prises à la majorité, ce ne sera pas des plus commodes.

16

Vous me direz que l'électeur n'a pas besoin de
comprendre pourvu qu'il vote... et « pourvu
qu'il paye », ajoutait Mazarin. Mais, alors, les
phrases sont inutiles.

Ce que je vois parfaitement et clair comme le
jour, c'est que par votre réforme, si elle passe,
vous détruisez, vous pulvérisez, vous anéantissez
le seul principe, la seule convention sur lesquels
reposent l'ordre politique et l'ordre social, dans
notre pays, le principe majoritaire. Dans le
contrat social qui nous lie constitutionnellement
et traditionnellement, une seule chose restait
intacte, à l'heure présente, à savoir qu'il faut
s'incliner devant la majorité. En vertu de cet
axiome, la République a été adoptée, reconnue,
obéie, dès qu'elle fut votée par un groupe, bien
hétérogène, certes, mais qui l'emportait, sur le
groupe adverse, *d'une seule voix.*

C'est qu'en effet, parmi nous, il subsiste cela,
et rien d'autre.

Au Moyen Age, la perpétuité politique et
sociale était assurée par le formidable établissement féodal. Jusque dans le moindre bourg,
un participant de la puissance publique, le
seigneur, veillait et rendait compte au suzerain.
Ainsi, par la hiérarchie des fiefs, un réseau aux
mailles pressées faisait l'armature du pays. Plus

tard, le système reposa sur l'autorité des rois et sur l'hérédité : « Le Roi est mort, vive le Roi ! » On savait toujours où était le pouvoir et à qui il fallait obéir.

La Révolution a balayé ces systèmes désuets. En introduisant le principe de la souveraineté populaire, « elle a remis la pyramide sur sa base ». D'abord, on a voulu ménager les transitions ; on a essayé de diverses combinaisons « constitutionnelles ». C'est le temps de la fameuse formule : « le Roi règne et ne gouverne pas ». L'autorité appartenait, indivise, au ménage royal et populaire. Mauvais ménage! La révolution de 1848 a établi définitivement le suffrage universel et, après le nouvel essai de délégation de la souveraineté que fut le second Empire, nous en sommes revenus, tout bonnement, au suffrage universel et au régime des assemblées.

C'est-à-dire — et c'est à cela que je veux en venir — qu'en France tout se fait désormais et uniquement par le vote.

On vote dans les comices, on vote dans les conseils, on vote au suffrage direct, on vote au suffrage restreint, on vote dans les assemblées. Palabre et scrutin! La puissance publique est enfermée aux flancs de l'urne. Le bulletin est roi.

Et, par une convention respectée de tous et qui est
devenue le seul article efficace du pacte social,
il est entendu que le scrutin décide et que la
majorité, c'est-à-dire la moitié plus un, *a le
dernier mot*.

Le dernier mot! Qui donc, dans une foule,
dans un peuple, dans une nation considérée en
ses générations passées, présentes et futures,
qui donc a une autorité telle, un prestige tel
que, par le simple fait qu'il se prononce, tout
soit tranché, tout débat clos, toute affaire jugée?...
Eh bien, chez nous, maintenant, c'est le groupe,
quel qu'il soit, qui l'emporte d'une voix sur les
autres. Dès qu'il a parlé, suffit. C'est admis, c'est
pesé, c'est bouclé!

A cette extraordinaire et indispensable survivance des autorités successivement abolies, votre
inquiétude d'un jour veut porter atteinte.

Puisque vous veillez à entretenir, à favoriser,
à privilégier, dans le système politique que vous
rêvez, la force des minorités, vous vous insurgez,
du même coup, contre le principe tout uni de la
majorité. Vous voulez réserver aux partis constitués dans le pays une part légitime de la puissance publique : à quel titre leur retirerez-vous le
droit de refuser leur assentiment aux décisions
prises par la pure et simple majorité?

Pourquoi en serait-il, dans les assemblées, au moment du vote, autrement que dans le pays, à l'heure du scrutin? Logiquement, puisque les minorités doivent être représentées, elles doivent l'être constamment et efficacement. Et alors, quand il s'agira de trancher et de dire *oui* ou *non*, comment ne tiendriez-vous pas compte des partis qui ne veulent dire ni *oui* ni *non* et qui n'ont d'autre objectif que de tout empêcher pour lasser les autres par leur obstruction?

Ce système nous le connaissons bien. Il a existé. C'est le droit de *veto*. Le *veto* ne propose pas, il s'oppose; il ne décide pas, il empêche; il ne vivifie pas, il tue. C'est ce qui lui a assuré, en France, une si notoire popularité. Or, votre réforme a pour aboutissant nécessaire le droit de *veto*, avec cette aggravation qu'il sera confié à la prudence et à la modération des partis politiques!

Les assemblées souveraines, sans pouvoir majoritaire, sont à la discrétion des minorités, voilà ce qu'il faut admettre. Leur type est commun également en histoire, ce sont les *Diètes de Pologne*. On sait ce qu'elles ont fait de ce malheureux pays.

Certes les majorités sont souvent tyranniques et odieuses. Les combattre hardiment, leur enlever les moyens de nuire, les ramener par

la crainte, par la persuasion, par la constante protestation et offensive des partis vaincus,
à une plus juste et plus sage appréciation
des droits qui leur sont momentanément délégués, fort bien ! Mais affaiblir le seul moteur de
la force publique, introduire dans la machine
des rouages tournant à contresens, sous prétexte
d'équilibre et de frein, c'est vouloir tout casser;
dans un pays déjà ébranlé et affaibli comme est
la France, c'est ajouter aux puissances de destruction, c'est tendre à l'anarchie.

Rappelez-vous le sentiment où l'on était, parmi
nous, il y a une dizaine d'années. Qui ne déplo-
rait cette tactique des partis extrêmes qui, par
les « coalitions », empêchait tout gouvernement
durable de se constituer. Des ministères de six
mois, combien en avons-nous vus depuis la chute
de M. Thiers ! Or, à peine venons-nous d'obtenir
une certaine stabilité gouvernementale, — qui ne
nous est pas à tous également agréable, c'est
entendu, mais enfin qui maintient l'ordre public
et assure la vie normale de la nation, — à peine
ce résultat est-il acquis que nous ne songeons
qu'à l'abolir.

La représentation proportionnelle, il est facile
d'en deviner les suites dans les prochaines assemblées : un centre extrêmement affaibli, deux partis

extrêmes accrus et enhardis. Où sera, dès lors, l'axe du gouvernement? Dans les pays où, à côté du Parlement, il existe un pouvoir souverain, une aristocratie constitutionnelle, un monarque, cela peut passer. Mais dans une république représentative fondée sur le suffrage universel, quel risque! Et si le mal se produit, tel qu'il est trop facile de le prévoir, qui pourra, par la suite, y porter remède?

La R. P. est un instrument d'opposition. Que les oppositions la réclament à cor et à cri, c'est naturel. Mais que la majorité, dans le pays et dans le Parlement, se laisse émouvoir, quelle duperie! Heureusement, dans le Parlement, il y a le jugement du Sénat, gardien des institutions, et, dans le pays, il y a l'instinct conservateur et le besoin de clarté si naturels à notre race. Le Français veut, d'abord, savoir à quoi s'en tenir. Dans la lutte, il se bat avec énergie, avec fureur même. Mais, le résultat acquis, tout est oublié... jusqu'à la prochaine, comme on dit. Quant aux solutions hybrides, aux combinaisons embrouillées, ce n'est pas son affaire. Il y a, dans les modalités actuelles du scrutin — ou mieux, dans le scrutin de liste bien organisé — assez de souplesse pour permettre à toutes les opinions de se produire, à tous les intérêts de se défendre...

Votre système vient de l'étranger; il en porte l'empreinte originaire, quand ce ne serait que dans ses complications et ses obscurités. Les partis modérés auraient une dernière faute à commettre, ce serait de l'adopter comme plate-forme électorale. Combien d'autres questions intéressent davantage le peuple et sur lesquelles il sera trop facile, à leurs adversaires, de faire de la « surenchère ». Se cantonner là-dessus, c'est se renfermer dans l'impuissance et le néant. Le peuple ne suivra pas; d'ailleurs, il ne comprendra pas. Ce qui n'est pas clair, n'est pas français.

Dans le Brouillard!

Loti a décrit, en une page admirable, les jours étranges que les marins de la grande pêche vivent aux mers d'Islande : ces brumes lourdes, cet air ouaté, ces voix que l'on entend sans deviner d'où elles viennent, ces objets entrevus et soudain disparus. La trompe ne cesse de mugir; parfois une ombre paraît; et les bateaux, invisibles l'un à l'autre, se heurtent mortellement dans la nuit.

Il en est de même parmi nous. Comme les navires sur la mer, chacun va devant soi. On marche, on se presse. Et si on se trompe, et si on se heurte, et s'il y a de la casse, tant pis.

Voyez cette querelle des évêques et des instituteurs. Qu'est-ce qui leur prend donc, à ces professeurs de morale, de donner l'exemple des passions et des violences irréfléchies? Se sont-ils

demandé où ils vont, où ils nous mènent? Ces
disputeurs imprévus veulent absolument mettre
le père de famille français en demeure de faire
en lui-même, et *coram populo*, le partage de ce
qu'il doit à la foi, à la science, aux traditions, au
progrès, à ses intérêts légitimes, à la paix sociale.
Toute la philosophie! Le ciel et la terre, et l'enfer,
par-dessus le marché!

Comment voulez-vous qu'il se prononce? Il n'a
pas le temps. Obligé de gagner son pain et celui
de ses enfants — dont vous vous disputez l'âme,
— il court au plus pressé. Retz disait, de ces
questions, qu'elles ne s'arrangent jamais aussi
bien que dans le silence. Quel est donc le citoyen
qui a le droit de demander à un autre citoyen de
lui dévoiler le fond de sa pensée? Voilà pourtant
où nous en sommes. Demain, il faudra qu'on se
dispute, dans tous les villages et dans tous les
ménages, sur le manuel de M. Aulard et sur le
dernier mandement de Mgr Luçon!

Raviver les querelles religieuses, quand le courant général tendait plutôt à les apaiser; donner
prise, de part et d'autre, au grief d'intolérance;
prétendre avoir le dernier mot, outrer les programmes et forcer, une fois de plus, le pays à
prendre parti aux élections prochaines, c'est une
bien fâcheuse besogne!... Il est facile de deviner

le résultat : rien ne sera changé. Encore une législature perdue ; encore des discours vains et des violences verbales, jusqu'au jour où le pays, las d'être tourmenté, renverra les plaideurs dos à dos. Ah! que j'aimerais mieux une bonne accoutumance de vie pacifique et tolérante, le respect des croyances et des convictions de chacun. Est-ce donc si difficile? Comment font-ils en Amérique?

Mêmes obscurités dangereuses dans un autre conflit qui touche sinon à l'âme de la France, du moins à ses intérêts les plus chers et à ses habitudes les plus solidement invétérées, celui qui se produit actuellement devant le Sénat, au cours de la discussion de la loi des retraites ouvrières, entre le principe de l'obligation et l'épargne libre.

Qui touche à l'épargne touche à la faculté française par excellence, à l'indépendance de chaque Français, à la puissance de la France. Je comprends les soucis de nos pères conscrits. M. Audiffred a posé le problème devant eux : la Caisse nationale des retraites compte 1.700.000 adhérents ; les sociétés privées en ont 900.000. Allez-vous décourager ces bonnes volontés ; allez-vous dire à ceux qui font sur eux-mêmes cet effort louable : « Laissez ; l'État fera des économies pour vous? »

D'abord, vous leur ferez la plus grande peine.
Car l'épargnant français, ne vous y trompez pas,
entasse surtout pour son plaisir. Il s'enorgueillit
de sa privation, il est fier de son sacrifice. S'il se
donne à soi-même le motif légitime du pain pour
ses vieux jours, souvent ce n'est qu'un prétexte :
la preuve en est que plus il vieillit, plus il a
grossi son magot, et plus il veut le grossir encore.
Je compare le Français à l'écureuil, qui met des
noix et des faînes dans les trous des vieux arbres
et qui ne les consomme que bien rarement, puisqu'on les retrouve intactes. Un tour, et il pense à
autre chose ; un tour, et il remplit un autre trou.

Il n'y a pas dix ans que les gens graves repro-
chaient, à journée faite, aux Français de n'avoir
pas l'esprit d'association : *Association, association,*
c'était la tarte à la crème, la panacée sociale. A
peine l'association commence-t-elle à s'organiser,
qu'on ne songe qu'à la ruiner au profit de ce vieux
croquemitaine tant bafoué, l'État. Ce sera donc
l'État qui détiendra dorénavant le bas de laine
pour le remplir, — et surtout pour le vider. Quant
à ce malheureux épargneur convaincu qu'est le
citoyen français, on lui laissera sa cagnotte vide
pour pleurer dedans. Il n'est pas exigeant : car,
quand elle est pleine, il la livre de si bonne
grâce !

Je ne veux dire qu'un mot, en finissant, de cette autre bouteille à l'encre, la R. P., puisque la question est devenue affaire d'État, et que nous sommes en pleine polémique. Mon aimable confrère, M. Charles Benoist, auteur responsable de la R. P., a pris sa colichemarde et a pourfendu les adversaires de son système d'un seul mot : Rousseaulâtres ! « Rousseaulâtre », c'est le pire de tous les crimes.

Des épithètes ne sont pas des raisons. Aux protagonistes de la R. P., on a opposé une objection capitale : vous affaiblissez le seul et unique principe d'autorité subsistant dans ce pays, le principe majoritaire ; vous tendez à l'anarchie. A cela, M. Charles Benoist, un peu agacé, répond « vous confondez la délibération et la décision, le contrôle et la direction, la représentation et le gouvernement ». Qu'est-ce que cela peut bien vouloir dire ? Oui ou non, les Chambres et le gouvernement se prononcent-ils à la majorité, qu'il s'agisse de discuter, de contrôler ou d'agir ? Oui ou non, le vote à la majorité (en dehors du système de l'hérédité) est-il le seul moyen de départager les intérêts et de trancher pacifiquement les conflits sociaux ? S'il en est ainsi et si, à un degré quelconque, vous acceptez que les minorités puissent tenir en balance la majorité, vous

affaiblissez le seul principe autoritaire subsistant :
cela est clair comme la lumière du jour. Que
l'on accepte ou non cette conséquence, on ne
peut la nier.

On embrouille tout, on trouble tout, et si quelqu'un veut aller au fond et voir les choses comme
elles sont, on a tôt fait de l'écarter d'un geste.
Aujourd'hui, le goût est aux raisons absconses ;
on se plaît aux ténèbres des discussions scolas-
tiques. Être inintelligible, voilà qui vous pose un
homme. Les discoureurs ont beau jeu à développer ces thèmes énigmatiques. Depuis longtemps
ils ont fini de parler qu'on les admire encore.

M. Charles Benoist est un homme d'attaque et
un homme d'esprit. Il tient à son idée, et c'est
tout naturel. Mais il a eu, sur le système qu'il propose, un mot malheureux que je lui rappelle à lui-
même dans l'espoir un peu vague, je l'avoue,
qu'il lui donnera à réfléchir, à lui et à ses amis :
« La R. P., a-t-il dit, a pris le dessus ; elle cassera
tout ». Hélas ! pourvu qu'elle ne casse pas la
République, et quelque chose avec !

La Crise

Il faut rendre justice aux auteurs du projet de loi sur la R. P., ils ont jeté le pays en pleine crise, — crise électorale, et, peut-être, crise politique. L'un d'entre eux disait récemment : « Nous voulons faire passer un courant d'air frais dans l'atmosphère irrespirable où nous vivons. Tout plutôt que ce qui est actuellement. »

Ils ont réussi : nous sommes en plein courant d'air. Gare, seulement, aux bronchites !

Avec une soudaineté extraordinaire, la majorité radicale s'est trouvée dans le désarroi. Évidemment, elle a été surprise. Sans s'avouer battue, elle se replie, ou, du moins, elle prend ses dispositions pour une retraite en bon ordre. Des transfuges quittent le camp : mauvais signe ! Quand les troupes en sont là, la déroute les guette. Il n'y a de tactique pour vaincre que l'offensive.

Nos braves « arrondissementiers » ne l'ont pas
volé : ils ont tout fait pour exaspérer le monde.
Comme les soldats de la légion thébaine, ils se
sont liés par des chaînes de fer et ils ont foncé
tête baissée sur l'ennemi, — leurs concitoyens.
« Qui n'est pas avec nous, est contre nous ! »
Ainsi, ils ont rendu la France inhabitable à la
moitié des Français. Ils ont mis le pays en coupe
réglée, sans égard aux situations acquises, aux
minorités respectables, aux droits avérés. Nul
ménagement ! Les fondateurs de la République,
ses défenseurs les plus dévoués et les plus désin-
téressés ont été inscrits sur les listes de pros-
cription ou traités en suspects.

Les familles ne savent plus que faire de leurs
enfants, puisque partout il faut montrer patte
blanche. Les carrières publiques sont fermées
d'avance à ceux qui ne sont pas des « fils à papa ».
L'armée, la magistrature, la diplomatie, les
emplois administratifs, sont le lot de quelques-
uns. Si l'on ne prononce pas certaines formules,
on est frappé d'interdit. Il paraît qu'il faut « bien
voter » pour toucher quelques francs et centimes
à la répartition des sommes accordées par les
Chambres en cas de désastre régional. Les trem-
blements de terre et les cyclones servent à remplir les urnes électorales... Tout de même !

Parmi les fautes commises par les parlementaires, la plus grave, peut-être, fut le vote des
15.000, sans contre-partie pour le contribuable. On
avait compris qu'en échange, le nombre des députés
serait diminué. Pas du tout. L'augmentation,
dûment empochée, on a fait semblant de ne pas
comprendre : sainte touche et sainte Nitouche !

La coupe était pleine. L'impopularité du régime,
fauteur de tels abus, s'est accrue à l'infini. Les
partis d'attaque ont saisi l'occasion. Ils ont porté
leur effort au point précis où l'équité sociale était
lésée. La majorité abuse, sus à la majorité !

Celle-ci a pris les choses de haut, d'abord, et
s'est défendue en ricanant... Elle a cessé de rire
et elle commence à réfléchir. Peut-être est-il
déjà trop tard. Elle eût pu s'en tirer avec honneur,
il y a quelques mois, au lendemain du discours de
Périgueux. M. Briand — dont personne ne songe
à nier le flair — avait senti le péril. Bon enfant,
il avait tendu la main et prôné l'*apaisement*.

Parole d'une portée très haute et, en tout cas,
d'une habileté suprême. Un homme, d'origine
non suspecte, jouait à la condescendance, au
moment où sa perspicacité voyait l'orage grandir
sur l'horizon. Mais il ne fut pas compris; la
majorité ne le suivit pas. Elle grinça des dents
et eut tôt fait de ramener le berger au bercail.

17

Les tacticiens du parti adverse, un instant
ébranlés, rallièrent aussitôt leurs troupes et un
mois ne s'était pas écoulé qu'ils engageaient la
bataille.

Sans le président du Conseil, la majorité, qui
le traitait de si haut la veille, était perdue. Il
se jeta en avant et arracha à la gueule du loup
l'os à demi broyé. Depuis lors, on le respecte
davantage : mieux eût valu l'écouter plus tôt.
Si on ne se rallie pas à sa houlette, le sort du
troupeau est réglé, il passera à la boucherie.

Sur la question électorale, les oppositions réu-
nies sont plus fortes que la majorité, voilà le fait !

Mais sont-elles assez fortes à leur tour et assez
disciplinées pour mener à bien leur campagne
devant le pays ? La plate-forme de la R. P. est-elle
solide, durable et de tout repos ? Voilà ce qui
reste, tout au moins, douteux. La R. P. est un
puissant bélier pour démolir ; est-ce un pilier
pour reconstruire ? Quand on aura mis en poussière la majorité actuelle, en aura-t-on une autre
toute neuve pour la remplacer ? Je ne suis pas
très chaud pour le système actuel. Encore vou-
drais-je savoir où l'on nous mène : j'aime encore
mieux un gouvernement médiocre que pas de
gouvernement du tout.

Et c'est à l'anarchie que nous allons tout droit,

si les projets actuels s'inscrivent, un jour ou
l'autre, dans la loi, — dans la loi constitutionnelle,
— car il s'agit, en fin de compte, de modifier la
Constitution dans sa lettre et dans son esprit.

Pour se défendre contre le reproche d'alliances hybrides, les « unis » de la R. P. en
sont déjà à distinguer entre la « propagande »
et « l'action », c'est-à-dire qu'ils consentent à
paraître devant le public sur les mêmes planches
pour défendre le même système électoral, mais
qu'ils jurent de se séparer, après, pour en
revenir aux volées de bois vert. Faut-il les croire
et s'en font-ils accroire à eux-mêmes! On ne fait
pas au « pacte de Bordeaux » sa part, et, si les
extrêmes se rapprochent une fois, ils seront
bien embarrassés, pour lâcher le commun
cadavre. Et, alors, voit-on ce que sera la Chambre, avec une majorité ainsi composée? La droite
et les socialistes, passe, puisqu'ils ne cherchent
que le chambardement. Mais les modérés! Que
vont-ils faire dans cette galère?

N'entrevoient-ils donc pas le sort qui leur est
réservé? Pris entre les listes extrêmes, ils seront
réduits à la portion congrue et ne passeront
qu'en vertu de tolérances et de manigances qui
ne laisseront guère d'ouverture qu'aux plus
médiocres et aux moins sûrs. Mieux vaudrait

encore le régime actuel, qui permet, du moins à quelques-uns, de sortir de la mêlée le corps couvert de blessures, mais la tête haute !

La R. P. sera le régime, par excellence, des micmacs et des compromissions. Rien de plus facile aux chefs de partis que de jeter, par le jeu des noms rayés ou ajoutés sur les listes, un os à ronger aux adversaires gagnés ou compromis sous main. La campagne électorale ne sera qu'un vaste marchandage. Comme il n'y aura plus de deuxième tour, tous les ballottages se feront *avant*.

Songez, qu'avec ce système (et je prends les chiffres donnés par ses partisans) un candidat qui aura 20.000 voix pourra, dans telle circonscription, être déclaré élu de préférence à celui qui en aura obtenu 30.000; que, dans telle autre circonscription, celui qui aura eu 26.000 voix prendra rang sur celui qui en aura eu 55.000, et concluez. Les têtes des listes inférieures feront tout pour être prises en considération par les gros meneurs du scrutin. Moyennant l'aumône de quelques voix, habilement distribuées aux listes maigres, les listes grasses abattront d'avance toute résistance et, ainsi, l'étiage moral du vote sera ramené au plus bas. La table sera servie; mais les forts mangeurs avaleront tout et ne laisseront les miettes qu'aux opposants dociles.

Si, grâce au mécontentement qui règne actuellement, vous faites accepter cela au pays, s'il absorbe cette pilule, les yeux fermés, soyez sûr qu'il la trouvera amère, une fois qu'il l'aura goûtée.

Quant à faire admettre à des Français que 25.000 doivent l'emporter sur 55.000, je dis seulement que je voudrais le voir pour y croire.

Et quoi, alors? Resterons-nous dans le pétrin, c'est-à-dire les gros budgets, les grasses prébendes, le fonctionnarisme croissant avec le népotisme, le déséquilibre national, avec l'épuisement final?

En vérité, c'est un casse-tête. Compter sur l'assagissement soudain de ceux qui se croient encore les maîtres, c'est un peu béjaune. Les terroriser par une menace, si on n'est pas décidé à aller jusqu'au bout, enfantillage. Les amener à se sacrifier eux-mêmes sur l'autel de la patrie. Ah! çà!...

Reste le système qui fut traditionnellement la ressource du pays dans les périodes de crise, le rétablissement du scrutin de liste.

Le scrutin de liste a rallié déjà une majorité parfaitement consciente. Il échappe à la plupart des reproches faits au scrutin d'arrondissement. Corrigé par l'interdiction des candidatures multiples, plus exactement proportionné au chiffre des électeurs, combiné avec certaines modifica-

tions possibles dans la distribution des départements et des arrondissements, et surtout avec
une décentralisation notable par l'extension des
pouvoirs des conseils généraux, le scrutin de liste
nous achemincrait, sans doute, vers une vie politique meilleure. C'était, du moins, jadis l'espoir
des fondateurs et des initiateurs...

Avant de réclamer une réforme, probablement
dangereuse et, en tout cas, aléatoire, ne pourrait-
on pas s'en tenir au rétablissement pur et simple
du scrutin de liste? Le régime parlementaire a
perdu de son prestige : pour le rafraîchir un peu,
ne suffirait-il pas, selon le conseil qu'Aristote
donnait pour les systèmes débilités, de le ramener
à sa première institution?

Il ne faut pas exagérer l'importance des réformes politiques; mais, à en essayer une, mieux
vaut éviter celles qui mèneraient le pays à de
nouvelles désillusions et qui, parmi tant de
causes de trouble, risqueraient de le précipiter plus hâtivement vers la désorganisation et
l'anarchie.

FIN

TABLE DES MATIÈRES

UNE RÉFORME POLITIQUE

6666. — Paris. — Imp. Hemmerlé et Cⁱᵉ. — 3-10

2° PSYCHOLOGIE ET PHILOSOPHIE

www.ingramcontent.com/pod-product-compliance
Lightning Source LLC
Chambersburg PA
CBHW050456270326
41927CB00009B/1772